科技之声

现在人类已定义的生命形态仅包括植物、动物、原生生物、真菌、原细菌、真细菌六种,但技术的演化和这六种生命体的演化惊人相似。技术应该是生命的第七种存在方式。

——凯文·凯利

[科技智库系列]

科技之声

来自创新的前哨

主编 | 陈晓剑

编委 | 张文禄　江　俊　陶　虎
　　　刘和福　钟　琪　胡小丽

编务 | 张天怡

THE VOICE OF SCI-TECH
FROM THE INNOVATION FRONTIERS

中国科学技术大学出版社

内容简介

这是一本兼具学术专业性和大众可读性的科普读物,希望通过来自教学科研第一线的声音,分享当下一系列有关社会、科学和产业交叉融合的前沿进展,向更多渴望了解科学、关心科学的大众读者,以及有志于从事科技工作的年轻人提供一些参考,以期引起他们对科技创新的更多关注与思考。

图书在版编目(CIP)数据

科技之声:来自创新的前哨/USTC·科技战略前沿研究中心编.—合肥:中国科学技术大学出版社,2024.1(2025.1重印)
(科技智库系列)
ISBN 978-7-312-05799-1

Ⅰ.科… Ⅱ.U… Ⅲ.技术革新—研究 Ⅳ.F062.4

中国国家版本馆CIP数据核字(2023)第209039号

科技之声:来自创新的前哨
KEJI ZHI SHENG:LAIZI CHUANGXIN DE QIANSHAO

出版	中国科学技术大学出版社
	安徽省合肥市金寨路96号,230026
	http://press.ustc.edu.cn
	https://zgkxjsdxcbs.tmall.com
印刷	安徽省瑞隆印务有限公司
发行	中国科学技术大学出版社
开本	710 mm×1000 mm 1/16
印张	18
字数	204千
版次	2024年1月第1版
印次	2025年1月第2次印刷
定价	58.00元

编委会

主编 陈晓剑

编委 张文禄 江 俊 陶 虎

　　　 刘和福 钟 琪 胡小丽

编务 张天怡

序一
PREFACE 1

过去数百年，还原论作为一种主张将复杂系统或现象通过分割成一个个独立单元，尝试通过简化和解构的方式理解万物的方法，帮助人类理解世界、划定学科、构建知识系统。这套机制在数百年的时间里运转正常。但是进入20世纪后半期，面对愈发复杂的系统构成、愈发交叉的知识网络，新的认知模型亟待建立，新的底层思维会促成不同学科的融合，在交叉碰撞中孕育科技创新的机会。

以气候变化问题为例，其涉及地球科学、大气科学、海洋学、生物学、化学、物理学等多个学科。单一的还原论方法无法解决这一问题，因为气候系统是一个高度复杂、高度交互的系统，需要多学科的合作才能理解和应对。在此问题上，地球系统科学出现，试图通过整合不同学科的知识和方法，来理解地球系统的整体性质。这种方法不仅需要理解地球系统的各个组成部分，还需要理解这些部分如何相互作用，以及这些相互作用如何影响整个系统的行为，这便需要跨学科的合作，以及新的研究方法和工具。

再以神经科学为例，这也是一个涉及多个学科的领域，包括生物学、心理学、医学、物理学、计算科学等。为了理解大脑如何处理信息，需要理解生物学中的神经元如何通过物理学中的电信号进行通信，以及这些信号如何被计算科学进行编码和解码，需要在心理学层面理解这些过程如何影响思想、情绪和行为。在此过程中，需要神经科学家理解生物学、心理学、物理学、计算科学等多学科知识，还需要建立新的教育和研究机构，例如神经科学研究中心，以促进跨学科的研究和教育。这些机构可以提供一个平台，让来自不同学科的研究者共同工作，共同解决问题。

这些例子都在描述一种变化，即随着科学的发展，越来越多的问题需要跨学科的合作来解决，需要打破传统的学科界限，鼓励学科间的交流和合作。虽然学科分类如同人体的毛细血管般分布广泛，但其仍需联结成网才能成为血液与组织细胞进行物质交换的场所，学科交叉需要培养更多具有跨学科思维的科研人员，既需要他们能够专注于一个具体而细微的领域持续长久地深入下去，还需他们理解其他学科的基本概念和方法。

过去，人们往往认为科学是一种单一的、线性的过程，即通过积累知识，就能解决问题。然而，科学是一种复杂的、非线性的过程，需要多学科的合作，以应对越来越复杂的问题。如今，科学技术的发展已经到了跨界融合的阶段，特别是信息技术、大数据技术和人工智能技术的蓬勃发展，提供了更强大的工具和方法，使得多学科交叉突破更有可能，在横向融合创新中不断产出更多颠覆性的成果。

作为一名教学科研人员，我认为中国科学技术大学科技战略前沿研究中心推出的《科技之声：来自创新的前哨》是一本关注科技与产业的科普读物，它集结了来自科研与产业第一线、来自不同学科领域的中青年专家学者的观点。这些观点都是经过严谨思索与深入推敲的，涉及诸多领域的前沿科技，例如量子科技、同步辐射光源、工业仿真、动力电池、AI大模型等。这些杰出的科技与产业专家以通俗易懂、辞简理博的方式讲解最新发现，以此启迪年轻的一代，拓展想象力的边界，寻找那些不可预知的答案，思考意想不到的问题。用小说家伊恩·麦克尤恩形容Edge（现实俱乐部）的话作比，"博识有趣，它是好奇之中不加修饰的乐趣，是这个生动或单调的世界的集体表达，它是一场持续的、令人兴奋的讨论"。

只有科学知识得以普及，推动科学发展的精神力量方能历久弥新。希望更多的人能够参与到创新技术和创造未来的过程中去，通过对最新突破性技术的理解探究，找寻科技创新的机会和灵感，为新时代创新驱动发展做出积极贡献。

此为序，期共勉！

国家杰出青年科学基金获得者
清华大学教授、软件学院院长
2023年8月

序二

习近平总书记指出:"科技创新绝不仅仅是实验室里的研究,而是必须将科技创新成果转化为推动经济社会发展的现实动力。""完成从科学研究、实验开发、推广应用的三级跳,才能真正实现创新价值、实现创新驱动发展。"科技创新不仅仅是科技前沿研究,更要走出实验室先行先试,在产业界生根发芽。本书中量子科技、材料科学、数据科学等科学技术在从实验室走向实际应用的过程中,也是经历了基础研究、应用基础研究、关键技术研发、工程化集成与验证等阶段,再走向规模化的工程建设和商业应用的。

我一直在新能源汽车动力电池领域持续探索,始终关注材料科学、数据科学这两个未来产业的技术底座。目前,新能源电池技术实际上就是被卡在了材料上。以微控制单元(MCU)为例,在元器件成本分解中,人工占10%,管理占20%,折旧占10%,而材料占比高达60%。组成电池的正极、负极、隔膜、电解液四大材料,占了锂电池成本的76%以上。新能源汽车在"充电一分钟、续航一整天"的发展道路上，可能会在材料科学和数据科学的交叉上走出一条新出路、新赛道，那就是新能源电池数据资源的综合开发。

著名的生物学家、2002年诺贝尔生理学或医学奖获得者悉尼·布伦纳（Sydney Brenner）曾这样说道："科学的进步依赖于新技术、新发现和新想法，新技术优于新发现，新发现优于新想法。"我们深知，科技创新需要更多科学思想的碰撞，所以一直非常注重与国内外一流科研院所、研究机构加强合作。至今，我们连续举办了12届国轩高科科技大会等多项科技交流活动，不仅关注技术的革新，也深思如何利用科技更好地服务社会。一直以来，我们企业和中国科学技术大学科技战略前沿研究中心都希望能够紧紧盯住科技前沿，在科技传播上做出一些服务工作，努力做好科技与产业创新的"哨兵"。中国科学技术大学科技战略前沿研究中心编写的《科技之声：来自创新的前哨》就是科普工作的一个载体，我有幸在付梓之际，成为第一批读者。

该书汇聚的各位学者专家有些是我的好朋友，有些是我们一直以来的合作者和好伙伴，也有一些是我们常常请教的老师。他们都是走在科技时代最前沿的人，数十年如一日坚持在各自领域，不断开展基础创新和底层技术攻关。书中以通俗易懂的方式介绍了同步辐射光源作为科技引擎如何推动产业升级，讲解了量子信息如何融汇量子力学与信息科学，更聚焦于材料开发、数据库系统、ChatGPT、元宇宙、工业仿真等多方面的科技创新与突破，以跨界思维指明了未来产业技术方向，这为产业转型升级带来更大的想象空间。

科学发现不再神秘,它们是我们撒在浩瀚宇宙空间中的点点繁星,将在历史长河中闪耀光芒!我真切地希望该书能够惠及更广泛的读者群体,相信这本书会给我们很好的启发。

是为序。

国轩高科股份有限公司创始人、董事长

2023 年 10 月

序三

翻开《科技之声：来自创新的前哨》的目录，看到了许多平日里最为熟悉和亲切的名字，我听过其中一些老师的课堂教学，也学习过他们的科研论文，这些老师与专家的科技观点和研究经验让我看到了科技的前沿进展，引起了我对科学的兴趣。

居里夫人曾言："人类看不见的全世界，并没有空想的幻影，而是被科学的光辉照射的实际存在。尊贵的是科学的力量。"通过科学看世界，我从这本书里深刻体会到了这份尊贵的力量！令我印象深刻的是，书中讲解的人工智能、材料科学、量子科技、数据科学、大科学装置等领域的创新与演化，以及它们交叉融合的可能性，几乎都是时下最前沿的科技领域，契合正处于人生黄金时期的青年工作者的需求，并为我们这些愿意从事科研的青年学者上了一堂有意思的科普课。

2022年"最美大学生"

中国科学技术大学物理学院博士生

2014级少年班学院创新试点班学生

前言 FOREWORD

涌现时刻——
做一个社会、科学和产业的交叉点

2022年末，ChatGPT犹如平地惊雷般引爆人工智能，内容生产、交互式体验为AI应用前景带来了巨大的想象空间。最让人惊奇的是，ChatGPT在架构和方法上与以前的模型并无本质区别，但在更大的数据量和参数量规模下产生了新的能力：可以不局限于特定的学科、专业或领域作出对话回应，一定程度上打破了现有的知识体系，加速了知识的融合和交叉。复杂系统科学中往往用"涌现"一词来描绘这种现象，简单的技术在大规模的互动和协作中，会突然发生如同"量子跃迁"般极具爆发力的跳跃式变化，使得系统整体产生质变，获得更高层级的能力。

回顾科学史上的一些伟大的成就，科技创新的涌现总是来自一个个崭新的交叉点。以生物学为例,在物理学、生物学和化学的知识互动下,DNA分子双螺旋结构被揭示出来,并为基因组学的发展奠定了坚实基础;人类的大脑,其复杂性不仅仅在于神经元的连接,还在于大脑与身体其他部分以及外界环境的相互作用,需要借助神经科学、心理学、生物学、物理学、化学、计算科学等多个学科,才能对其有更深入的理解。在这个过程中,一个新的认知模型出现——系统生物学,它试图通过整合不同学科的知识和方法,来理解生物系统的整体性质以及各部分如何相互作用进而影响整个系统。再如,量子力学与信息学交叉融合形成了量子信息科学,并对计算科学、通信技术、智能技术等领域产生重要影响,不断催生更新、更强的突破性技术。信息技术、生物技术、纳米技术和认知科学四大科学技术融合为会聚技术(converging technologies),有望推动21世纪科学技术的新突破。

科技创新在不同场景中相互作用,并涌现出新的创新空间。善于将科技成果商业化的美国创投天才彼得·蒂尔(Peter Thiel)在《从0到1》中提到,从0到1的创新伴随着科学重大发现和发明的突破式纵向创新,目的在于揭示世界本质;从1到10的科技创新往纵深发展,持续推动特定领域的技术转化;通过科技渗透,新的技术继而在产业界被无限放大,实现了从10到100的改变。例如,巨磁电阻效应发现后,计算机硬盘的容量实现了从MB到GB再到TB的巨变。高校和研究机构酝酿出的创新火苗,最终在产业界升起熊熊燃烧的火焰。

如果将科技创新比作种子,那么科学精神便是土地。1916年,中国近代科学的奠基人之一、中国科学社社长任鸿隽发表《科学精神论》一文,将科学精神称为"科学发生之源泉",指出"科学精神者何？求真理是已"。科技创新离不开科学精神的滋养，社会需要形成一种浓厚的、包含着独立思考的科学精神的氛围。这也是科普工作的意义所在，在探究科学问题的同时，让更多人了解前沿科技进展，帮助建立科学的思维方法和科学的精神，能够对我国科学创新战略性人才储备提供基础支持。

书籍是科学家们最常见的科普方式。例如，被誉为科普界一代宗师的著名物理学家乔治·伽莫夫（George Gamow），他的《从一到无穷大》启迪了无数青年的科学梦想；斯蒂芬·威廉·霍金(Stephen William Hawking）将其对宇宙构成以及演化理论的思考凝聚于《时间简史》一书，让更多人了解了复杂的科学世界；此外，美国喷气推进实验室（JPL）不仅强调"做科学"还要关注"教科学"，将科学结论用大众都能理解的语言进行解释。JPL有专门的科普办公室，通过喜闻乐见的传播形式进行科普，例如制作大量图片书籍，充分利用Facebook和Twitter等传播渠道宣传，以帮助公众获取科技信息。同时，JPL明确将科普活动定位为科学家项目结题和科学人才后备培养的重要环节，鼓励公众尤其是青少年参与。

习近平总书记指出："科技创新、科学普及是实现创新发展的两翼，要把科学普及放在与科技创新同等重要的位置。没有全民科学素质普遍提高，就难以建立起宏大的高素质创新大军，难以实现科技成果快速转化。"科普工作离不开这些"懂科学"的一线教学科研人员，正因如此，科技战略前沿研究中心同仁们通过拜访、调研和举办论坛、研讨会等多种方式，不断接触各个领域的专家学者，倾听来自教学、科研第一线的声音。

同步辐射光源为何被称为"科技之眼"？什么是助力21世纪

发展的"新石油"？又是谁在星地尺度回应了来自爱因斯坦的世纪质疑……这些精彩的声音如何传播给更多的大众，特别是对科技感兴趣的青年们？为此，我们精心策划了"科技智库系列"丛书。2023年初，科技战略前沿研究中心在相关专家热心支持下，编辑了"科技智库系列"丛书的首册——《科技之声：来自创新的前哨》。这是一本兼具学术专业性和大众可读性的科普读物，希望通过来自教学、科研第一线的声音，分享当下一系列有关社会、科学和产业交叉融合的前沿进展，向更多渴望了解科学、关心科学的大众读者，以及有志从事科技工作的年轻人提供一些参考，以期引起他们对科技创新的更多关注与思考。

陈晓剑

中国科学技术大学教授

科技战略前沿研究中心主任

2023 年 9 月

目录 CONTENTS

序 一

i 王建民
国家杰出青年科学基金获得者,清华大学教授、软件学院院长

序 二

v 李缜
国轩高科股份有限公司创始人、董事长

序 三

ix 邓宇皓
2022年"最美大学生",中国科学技术大学物理学院博士生

前 言

xi 涌现时刻——做一个社会、科学和产业的交叉点
陈晓剑
中国科学技术大学教授、科技战略前沿研究中心主任

一 材料科学

003 量子物质中的演生现象和应用
陈仙辉
中国科学院院士,发展中国家科学院院士,中国科学技术大学教授

018 数据驱动的材料开发新范式
江 俊
国家杰出青年科学基金获得者,中国科学技术大学教授

030 AI与科学范式的转型——以材料科学为例
陈 忻
苏州实验室研究员,博士

二 数据科学

045 钓鱼城——基于图计算理论的数据分析系统
樊文飞
中国科学院外籍院士,英国皇家学会院士

058 云端制造和工业仿真
张文禄
国家杰出青年科学基金获得者,中国科学院物理研究所研究员

069 构建有质量、隐私保障的数据共享交易平台
张 兰
国家优秀青年科学基金获得者,中国科学技术大学教授、少年班学院院长助理

088　**从ChatGPT到通用的强人工智能**
　　周　熠
　　中国科学技术大学教授、知识计算实验室主任

㊂ 量子科技

110　**简话量子科学**
　　苑震生
　　国家杰出青年科学基金获得者，中国科学技术大学教授

119　**量子信息为何能获诺贝尔奖**
　　袁岚峰
　　中国科学技术大学副研究员、科技传播系副主任，中国科学院科学传播研究中心副主任

㊃ 大科学装置

138　**同步辐射光源是"科技之眼"**
　　封东来
　　中国科学院院士，中国科学技术大学教授、核科学技术学院执行院长，国家同步辐射实验室主任

150　**以同步辐射光源为核心，打造新型科创与产业融合平台**
　　李良彬
　　国家杰出青年科学基金获得者，中国科学技术大学教授，国家同步辐射实验室党委书记

163　**大科学装置——从科学发现到产业应用**
　　钟　琪
　　中国科学技术大学特任副研究员、科技战略前沿研究中心副主任

五 未来已来

181 科学家研究世界的本来面目,工程师创造不曾有的世界
　　陈晓剑
　　　中国科学技术大学教授、科技战略前沿研究中心主任

203 生物与信息交叉融合技术
　　陶　虎
　　　国家优秀青年科学基金获得者,中国科学院上海微系统与信息技术研究所研究员

218 新能源汽车动力电池的发展及展望
　　徐兴无
　　　国轩高科工程研究总院副院长,正高级工程师

233 生成式人工智能——人类文明的又一次破茧而出
　　邢　凯
　　　中国科学技术大学副教授、博士

249 看见未来——元宇宙技术与产业
　　胡小丽
　　　中国科学技术大学特任副研究员、博士

261 后记

材料科学

陈仙辉
中国科学院院士
发展中国家科学院院士
中国科学技术大学教授

中国科学院院士,发展中国家科学院院士,中国科学技术大学物理系教授、博士生导师,中国科学院强耦合量子材料物理重点实验室主任。

主要从事超导、关联电子体系等量子材料的探索及物理研究,发现的新型超导体涵盖铜氧化合物超导体、富勒烯超导体、铁基超导体和有机超导体等多种体系。在铁基超导体的研究中取得突破性成果,首次在铁基超导体(常压下)实现40 K以上的超导电性,超导温度突破BCS麦克米兰极限;与合作者首次制备出性能优异的场效应管器件,开辟了继石墨烯之后又一个量子功能材料领域。在量子反常霍尔效应、笼目超导体和二维超导体等领域取得一系列原创成果。

曾获国家自然科学奖一等奖、国际超导材料马蒂亚斯奖、求是杰出科技成就集体奖、长江学者成就奖、何梁何利基金科学与技术进步奖、未来科学大奖"物质科学奖"等奖项。

·材料科学·

量子物质中的演生现象和应用

量子物质中的演生现象属于物理学里面凝聚态物理范畴,通俗来讲就是材料物理,当然它比材料物理要广泛,它研究的是宏观物质中的物态和量子现象。

凝聚态物理的成果已经被大家熟悉。信息技术包含:信息处理、信息储存、信息显示和信息传输。

大家都有手机,手机里信息的处理就基于凝聚态物理里面晶体管的发现,曾在1956年被授予诺贝尔奖,还有集成电路,在2000年被授予诺贝尔奖。信息的储存也是基于凝聚态科学的基础研究——巨磁阻效应,在2007年获得诺贝尔奖。还有信息的显示——液晶,在1991年获得诺贝尔奖,前几年还有蓝光LED也被授予诺贝尔奖。信息的传输所用的光纤在2009年获得诺贝尔奖,华裔科学家高锟是获奖人(图1)。

物理研究有两个维度(图2)。纵向就是还原论的科学思想:只要我们了解和懂得了构成这个世界物质的基本单元,就可以把它的规律都搞清楚。就像我们现在知道分子由原子组成,原子由原子核和核外电子组成,再往里面有夸克等。

信息处理　　信息储存　　信息显示　　信息传输

晶体管：1956年，诺贝尔物理学奖
集成电路：2000年，诺贝尔物理学奖

巨磁阻效应：2007年，诺贝尔物理学奖

液晶：1991年，诺贝尔物理学奖

光纤：2009年，诺贝尔物理学奖

图1　信息技术的四大关键技术

   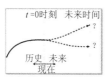 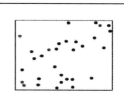

拉普拉斯

还原论（reductionism）
更高的能量标度
更小的时空尺度

亚里士多德

决定论（determinism）
根据当前的状态确定未来的态势

概率论（probability）
群体随机性导致功、热和熵等经典宏观描述

演生论（emergence）
大量组元构成的复杂的体系

图2　物理学研究的两个维度

但事实并不是这样的。我们知道了这些基本元素，并不能把物质世界里面的所有规律都能弄清楚。

演生物理的出现是在1972年，伟大的物理学家、诺贝尔奖获得者菲利普·安德森（Philip W. Anderson）（图3）写过一篇著名文章 More Is Different，意思是物质的复杂程度不一样，它的物理规律就不一样。

图 3　菲利普·安德森

这跟还原论不一样。我们把这一套哲学思想的科学研究方法称作演生论。演生论是什么意思呢？它指在复杂体系的每一个层次都会呈现出全新的性质，这并不是由构成这个物质的最基本的单元的性质所决定的。安德森指出："为了理解这些新的行为所需要做的研究，就其基础性来讲，与其他的研究相比毫不逊色。"

安德森的这篇文章发表于1972年，那时候高能物理和粒子物理非常热门，而凝聚态物理比较复杂且不太清楚，所以安德森提出的"more is different"成为凝聚态物理的格言。这就是我们物理学哲学的两种思想。

一、什么是量子材料？

我今天要谈的是量子物质。量子物质翻译成英文可以是"quantum matter"，也可以是"quantum materials"（量子材料）。

量子材料的概念始于20世纪80年代两个伟大的发现：一个是1986年的铜氧化物高温超导体，另一个是1980年和1982年的整数和分数量子霍尔效应。

20世纪80年代之前,物理研究的物质世界就是电子和晶格振动,那时候研究出发点是单电子模式,不考虑其相互作用。在这个范式里用能带论和朗道-费米液体理论来处理。

但是由于这两个伟大的发现,拓扑的概念被引入,还有电子关联,当然还跟维度有关系。所以量子材料包括强的电子的关联、拓扑性质,还有维度引起的量子效应的材料。

为了讨论学科战略规划,我们将量子材料分为六个方向,即:超导与强关联体系、拓扑量子物态体系、低维量子体系、多自由度耦合量子物态体系、极端条件下新奇量子物态体系以及量子物质的合成和探索体系(图4)。

超导与强关联体系

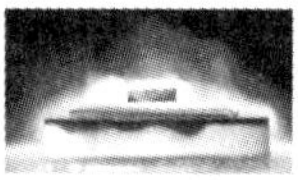

拓扑量子物态体系

低维量子体系

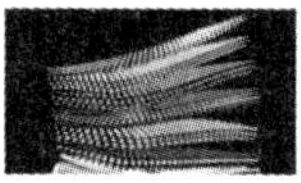

多自由度耦合量子
物态体系

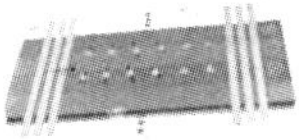

极端条件下新奇量子
物态体系

量子物质的合成和探索
体系

图4 量子材料的六个方向

从20世纪80年代到现在,出现了很多新的学科,比如拓扑电子学、量子计算、强关联和非常规超导,还有莫特电子学(mottronics),在电子学方面有很大的突破。在关联电子体系中,出现了很多原来没有观察到的物理现象,像自旋有序、电荷有序、非常规超导、轨道序、电子液晶相等。

还有一件有意思的事情,就是在这些特殊的物态里面会出现相关的演生粒子。在凝聚态物质里面,就只有原子核构成的晶格和核外电子这两部分，对于原子核构成的晶格的振动，我们用一种准粒子声子的概念来描述，而电子是用自由电子的概念来描述，磁性材料可以用磁子的概念来描述。在 ^{3}He、^{4}He 的超流现象（即无阻地流动）中，就涉及声子和旋子这些准粒子概念。同样地，超导里面也有一种准粒子——库珀对，即两个电子配对，从原来两个费米子变成一个玻色子。

量子材料出现以后，对传统的理论提出挑战，就是我讲的对朗道-费米液体理论提出挑战。从原来的费米体系到现在的玻色体系，甚至复合的一些准粒子体系等，从原来的三维到低维和界面的问题，出现了很多新的物理现象。

在这样一个量子材料特征里面，它会出现很多演生现象，出现很多新的物理态。像量子反常霍尔效应、自旋霍尔效应、高温超导、巨磁电阻、金属-绝缘体相变、多铁与磁电耦合，这些都是一些新的物理态。

更有意思的是，前面讲到了，在物质里面我们研究的就是电子和声子，当然电子有两个属性，它带有自旋，也有电荷，同时不同的元素的核外电子的轨道也不一样。总之，原来我们用朗道-费米液体理论描述的就是一种准粒子的图像。

但由于出现这些演生现象，在我们的凝聚态物质的研究中，就会发现这些量子态里面有狄拉克费米子、外尔费米子、马约拉纳费米子、磁单极子、斯格明子。而这些粒子在高能物理学和粒子物理领域认为应该客观存在于自然界，但在实验中一直没有被观察到。反而是在物质科学出现的很多量子态里面观察到这些准粒子，而这些准粒子的性质跟真实的人们研究的粒子的性质完全一样，所以出现了新的物理。

二、量子材料有哪些应用？

现在讲讲量子物理的应用。磁性材料可以作为信息的存储介质，超导和拓扑可以用于低能耗的电子学领域，并有望实现量子计算，而低维材料可以作为新型量子器件。

量子计算有多种方案，如超导量子计算、拓扑量子计算，就是基于这样一些新物理。

还有摩尔定律，现在半导体电子学受到很大的挑战，面临众多瓶颈。现在的半导体集成电路已经进入亚10 nm的技术节点，非常接近物理的极限，在这种情况下它的应用方面存在三大瓶颈：一是功耗瓶颈，二是速度瓶颈，三是制造瓶颈。

制造瓶颈方面我们都有所耳闻，像我们现在被"卡脖子"的光刻机，要做到这么小的亚10 nm的技术节点，所需要的进行光刻的光源的波长就必须要小于这个，否则达不到这样的分辨率，做不好这样的器件，就会有制造瓶颈（图5）。

还有就是功耗瓶颈。数据中心是耗电大户，随着新一代信息技术快速发展，其规模增长必然带来能耗大幅增长。现在的人工智能也都要基于大数据计算。按这样的发展趋势，能耗问题如何解决，这是我们科学家应该思考的问题。所以我们急需发展新一代的低能耗的信息技术。

实际上，我们这个领域的科学家在很早以前就已经开始研究磁性半导体。为什么要研究磁性半导体？我们现在的晶体管的原理是通过电场控制电流，调控的是电子，但电子的相互作用能量很高。

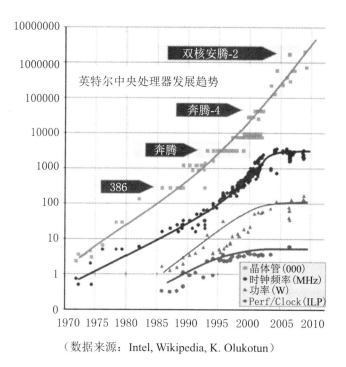

图 5　半导体集成电路的发展

如果我们有办法来调控电子的另一个属性——自旋的话，它的能量可以低 2~3 个量级，这样我们的功耗就可以大幅度降下来，而且可以研制出非易失存储器、存算一体、类脑计算等。这就需要基于量子材料发展自旋电子学、拓扑电子学、磁电耦合，但是目前都还在研究中。

拓扑本来是一个数学概念，凝聚态物质从一个物态到另外一个物态变化的时候，原来是用对称性来描述的。像冰、液态水是水的两种状态，但是固态的水跟液态的水的对称性是不一样的，固态水的对称性更高。但是现在有些物质，尤其是在量子霍尔效应发现以后，这些量子态的变化，其对称性不变，对称性不能描述它们之间的变化，必须要有拓扑不变量描述。

拓扑量子态的特点是无损耗或低损耗的量子输运、拓扑的稳定性、手性反常，并且有非阿贝尔统计。在刚才讲的量子计算里面，都必须满足非阿贝尔统计才能往下进行，所以拓扑量子体系具有非常丰富和新颖的物理现象，并孕育着革命性的技术的发展。

举一个石墨烯的例子。石墨烯就是石墨的单层，而石墨是一种普通的物质材料，它的性质可以用朗道-费米液体理论来描述。但是单层以后，虽然物质完全一样，但它就变成一种拓扑材料，是一种无能隙的狄拉克费米子，具有非常奇特的性能。它有非常好的迁移率和热导，它的电阻率比金属银的电阻率还要低，这是一个极其反常的性质，这些都源于它的拓扑性质。科学家降低硅材料的功耗，对石墨烯寄予了厚望，但是非常遗憾，它没有能隙，不能用于半导体器件。

我们跟复旦大学张远波团队发现了另一类半导体材料——黑磷，这种量子材料有能隙，而且随其层数的改变其带隙在 $0.3\sim1.8\ eV$ 中可调，可以作为未来半导体材料的一个候选。

所以拓扑物态的重要性，从基础到应用有3个方面：第一，存在磁性、超导等多关联效应的拓扑体系；第二，打破了传统的"体边对应原理"的新拓扑物态，如非厄米体系等；第三，还有新奇的光、电、磁等玻色体系等效应。具有量子霍尔效应和反常量子霍尔效应的量子材料，它们在输运过程中是没有能量损耗的。

超导是人类观察到的第一个宏观量子效应。超导是于1911年发现的，而量子力学是20世纪30年代至40年代才完全建立，也就是在量子力学建立之前，人们已经观察到了量子力学原理下的量子效应。超导具有两个特性：零电阻和完全抗磁性。

那么对于低维体系,我前面已经介绍过石墨跟石墨烯的关系。台积电为了制造2 nm以下的集成电路,需要引入二维材料,这里我就不详细介绍了。二维半导体是延续摩尔定律的重要材料,也是一类量子材料(图6)。

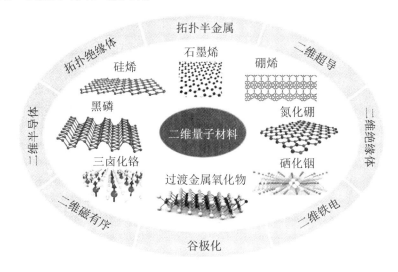

图6 二维量子材料

低维体系从技术研究来讲,是通过单原子和电子自旋构造一些新奇的物态。从应用方面来讲,它可以实现高速低功耗的信息功能器件和存储器件。

多自由度的耦合物态也是我们量子材料研究的一个方向。从电子学的角度来讲,量子材料里面具有多自由度,可以做出更好的信息存储器件、存内计算器件和类脑计算器件。

因为量子材料有多自由度特点,所以它可以决定类脑和存内计算器件的状态,这取决于它的材料和器件的行为。

极端条件下的新奇量子材料,如图7上的星星就是在物理领域里发现的一个个新的物态,每一个基本上都是一个诺贝尔奖级别的基础工作。我们可以看出,温度越低,它的量子效应物态就表现得越明显,原因在于量子效应是跟温度成反比的,温度越低,量子效应就越强。

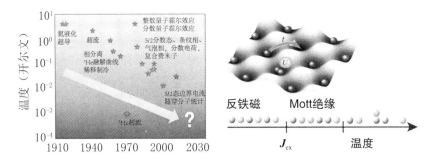

图7 极端条件下的新奇量子材料

现在还有一种量子计算和模拟,是通过超冷原子的技术、量子场论、量子材料和超导物理等的结合,实现量子计算机的一些基本功能,为解决现在高温超导复杂体系等方面提供一些模拟和计算。

讲到量子材料,我们要探索新的物质和合成。实际上,2020年高通量实验的"材料基因组计划"还在计划之中,而现在中国科学院在怀柔建的实验室就已经可以做高通量材料合成,为材料的探索打下了很好的基础。

但是技术也有很大的挑战。原来我们要做的材料都是厘米尺寸为衬底的,现在从厘米到微米,我们要能进行厘米到微米的输运、成分和结构等表征,这些表征非常重要,现在我们国家在这个领域里做得很好。

我们国家的科学家要致力于发现新奇的量子物质,然后展现出一些新的物理效应,类似于石墨烯的发现。这是我们应该加强的,现在已经积累了很好的基础。

此外，我们还要调控材料来获得更多的物态，像转角石墨烯可以出现超导，转角高温超导体可以出现非常奇特的配对对称性的机制；转角石墨烯可以出现反常量子霍尔效应，可以看到半导体的维格纳（Wigner）晶体的效应；等等。当然还有理论、实验与设备结合起来的一些技术应用。

三、等待解决的高温超导机理问题

讲到量子材料，不得不讲超导。超导是人类观察的第一个宏观量子效应，所以超导体就是一种量子材料。

在过去的100年里，与超导相关的研究已经有5次共10人获得了诺贝尔奖，但是超导仍然有很大的挑战，主要的挑战包括铜基和铁基高温超导的非常规机制。铜氧化物超导体是1986年发现的，距今已经将近40年了，但机制问题一直没有完全解决。

没有解决的原因，是我们原来没有思考过这个问题，仍然是用朗道-费米液体理论来处理一个强关联电子体系。在这方面科学家已经提出来了，实际上我们也在做这件事情。中国科学院学术委员会组织我们跟基金委合作写了一本书《中国量子物质与应用2035发展战略》以外，中国科学院也布局青年团队，开始探索室温超导，就是要突破原来的朗道-费米液体理论。我个人的观点是（不一定对），不突破这个框架，我们很难来完善和建立非常规超导体的机制。

另外一个重点就是学科方向，即室温超导体的探索，围绕超导应用的基础研究。像超导量子计算机、拓扑量子计算机都是人类应用的愿景。

超导里面约瑟夫森效应的发现奠定了超导电子学的基础，使得超导材料是一种信息材料。同时金兹堡-朗道（Ginzburg-Landau）的唯象理论奠定了强电的应用，因为它是无阻载流。就是通以电流的时候，它没有焦耳损耗，不会发热。

金兹堡-朗道唯象理论的建立解决了强电应用的问题，所以超导也是一种能源材料。一种材料既是信息材料也是能源材料，这样的情况很少，但现在的硅材料就是这样的。硅是芯片制造的基础材料，是信息材料，但它也是光伏应用的核心材料，又是能源材料。所以超导在这方面有广泛的应用前景。

现在我要再讲一下关于高性能计算的问题，前面我讲了大数据要高性能计算，而高性能计算的功耗特别大。举一个例子，若以我们国家现在的半导体技术建一台E级超级计算机，E级是指每秒运算能力能达百亿亿次，它一年消耗的电量是三峡水电站发电量的1/3，也就是三峡这么大的一个工程只能供3台E级的超级计算机，所以这个功耗是很难走得下去的。美国能源部明确规定，一个基于半导体的E级计算机的功耗不得高于20 MW，而我们现在一台E级计算机的功耗竟然达3.5 GW，所以功耗问题是半导体器件应用的一大瓶颈（图8）。

图8　超导量子计算处理器"祖冲之号"

这样的话，要克服这个功耗瓶颈怎么办？实际上，现在的计算是我们应用半导体计算机，而未来就是量子计算机，那么在中间我们可以用超导计算机。这点中国科学院已经提前布局，用超导作为CPU的实验论证都已经成功了。

那超导计算机跟半导体计算机比有什么优势？这里我讲一下它里面核心器件操控的原理。超导就是约瑟夫森效应，半导体就是PN结晶体管；而在超导里面操控的是单磁通量子，在半导体操控的是互补金属氧化物半导体（CMOS）技术。所以超导的速度比半导体的要快2个量级，功耗要低5个量级，并且运用的生态跟半导体是可兼容的。

超导材料发展的最终目标是发现室温超导，现在常压下室温超导是不能实现的。现在常压下超导临界温度最高是多少呢？132 K。在高压下富氢材料已经可以达到260 K。

四、材料决定着人类的文明

人类的文明可以用材料来划分，原来是石器时代、青铜器时代、铁器时代、钢铁时代，现在是硅基时代。现在几乎每个人都有手机、笔记本，里面都有硅基材料的芯片。那么下一代可能取代硅基的材料是什么呢？我认为量子材料有这个潜力（图9）。

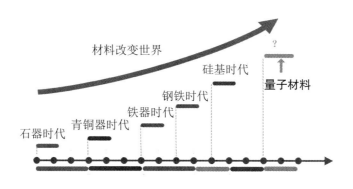

图9 材料改变世界

最后再总结一下,新材料的发现可以改变世界、推动人类文明的发展,可以推动科学的发现和技术的发展,可以推动经济发展、催生新的产业。材料是所有制造业,比如芯片等器件的基础,也是我们信息技术和能源技术的支撑。

内容转自中国科学院格致论道讲坛第97期活动中陈仙辉院士所作主题演讲

江 俊
国家杰出青年科学基金获得者
中国科学技术大学教授

中国科学技术大学教授，国家杰出青年科学基金获得者，国家科技部青年"973计划"首席科学家，数据智能驱动的"机器化学家"发明者，中国科学院"机器科学家"团队首席科学家。

主要从事理论化学研究，发展融合人工智能与大数据技术的量子化学方法，聚焦于复杂体系内电子运动模拟，研究在多个物理与化学应用领域（能源催化、功能材料、光化学、谱学）中的实际问题。在国际核心期刊如 *Nat. Energy*、*Nat. Commun.*、*J. Am. Chem. Soc.*、*Angew. Chem. Int. Ed.*、*Phys. Rev. Lett.*、*Adv. Mater.* 和 *Nano Lett.* 等发表论文180余篇。在量子器件和新材料领域获专利10余项。主持开发多个计算软件包，并在国内外研究机构和产业投入应用，为企业创造产值近亿元。

曾获2011年中国科学院优秀博士论文奖、2015年中国化学会唐敖庆理论化学青年奖、2017年安徽青年科技奖、2020年日本化学会亚洲杰出讲座奖（人工智能在理论化学中的应用）。

数据驱动的材料开发新范式

一、传统"试错模式",让科研停在"理想设计"

世界是由物质构成的,材料就是人们用来制成各种机器、器件、工具等具有某种特性的物质实体。材料是人类社会生活的物质基础,材料的发展导致时代的变迁,推动人类社会的进步。人类社会的发展历程,是以材料为主要标志的。历史上,材料被视为人类社会进化的里程碑。对材料的认识和利用的能力,决定着社会的形态和人类生活的质量。历史学家也把器具及其材料类型作为划分时代的标志:石器时代、青铜器时代、铁器时代……在知识经济的新时代,材料与能源和信息并列为现代科学技术的三大支柱,其作用和意义尤为重要。材料的突破,往往能够带来新的变革。然而开发新材料并不是一件容易的事情。传统的研究范式深度依赖于"试错开发"模式,效率低,导致新材料的发展进程也相当缓慢。

什么是试错模式?举一个经典案例:爱迪生为发明灯丝,花了整整10年时间来试错,尝试了1600种矿石、3000种植物丝、3000种金属丝。这10年间,他基本每天只睡三个小时,最终才找到较为合适的材料。(图1)

行业痛点——低效的试错模式大行其道

上帝说：要有光！

爱迪生说：要有灯丝！

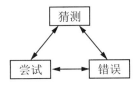

10年试错：1600种矿石、3000种植物丝、3000种金属丝！

图1 传统的试错模式

为什么我们要坚持这种长期的试错模式？从爱迪生时代到现在已经过去100多年了，为什么我们还不得不遵循这种低效的甚至是盲目的尝试模式呢？从科学研究的角度来看，我们其实希望能够对材料做理性设计。例如，某种材料的性能很好，有很好的应用效果，但是否还有更新的材料可以实现更好的效果呢？

我们课题组一直努力通过机制模拟去寻找新材料的"理性设计方案"。近期，我们团队与国家同步辐射实验室的宋礼教授合作开发了一种新型催化剂。合成出来之后，我们很激动，也有很多媒体对其进行了宣传。然而有一天，我们收到了一封来自青藏高原的一个哨所所长的邮件，邮件大意是："这种催化剂裂解水这么高效，能不能用来解决我们这里缺氧的问题？"来件者说，青藏高原的缺氧问题非常严重，有时都不敢出门运动，待在家里不活动以降低氧气消耗。然而，我们却无力回应这个问题，因为我们设计的催化剂还不具备大规模制备的条件。在从理性设计到产业落地的过程中，会面临很多问题，比如稳定性、成本等。最终结果虽然耗费了大量的人力和物力，但是得到的实验室成果距离实际应用仍有较大的差距。

这个故事启发我们从新材料研究的起点出发重新思考。实际上规则非常简单，可以从一组薛定谔方程出发，基于5个基本物理常数、118种元素来确定。但为了得到一个产品，我们必须构建一个材料的原子模型，模拟其微观特征，并统计得到其宏观特性，最终集成一个产品。在此过程中，我们发现越接近产品，研究的复杂性就越大，且复杂性呈指数增长，导致即使是最强大的超级计算机也无法实现穷举，同时也导致理性设计难以实现。正如物理学家狄拉克所说："对物理化学问题作数学求解的基本规则已完全清楚。困难在于应用基本规则的方程过于复杂而无法求解！"

人类受到算力和思考能力的局限，难以破解复杂体系的高维关联，进而导致理论和实践常处于"脱节"状态。这种长期"脱节"带来了传统化学研究的最大的"痛点"——科研人员主要依赖于"穷举""试错"的手段发现新物质，导致实验成本高、周期跨度长；随着化学研究对象日益复杂化、高维化，面对庞大的化学空间，配方和工艺的搜索常常止步于局部最优，无法进行全局探索。

二、人工智能，让材料开发从"因果模式"到"关联模式"

庆幸的是，新的时代有了新的工具，比如人工智能工具。它带来了一种突破旧模式的可能性，阿尔法围棋（AlphaGo）就是个非常好的例子（图2）。围棋本身规则非常简单，但是基于规则进行简单穷举却不可实现，因为其复杂度会达到3^{361}，这个数字比目前观测到的宇宙中所有原子的数量还多。传统观念认为，围棋是人类的"圣杯",因为计算机也无法通过穷举法去找到其理性设计方案。然而,AlphaGo通过学习大量围棋棋谱,学习到了人类大师的智慧。利用这个智慧,它可以进行模糊思考,然后辅助人类解决理性设计的问题。

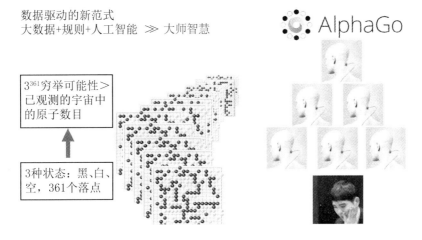

图2 阿尔法围棋

我们从中得到启发,将人工智能、大数据等技术应用到了物理化学的研究中。从量子力学底层的角度出发,发展数据驱动的材料理性设计方案,以突破100多年的"试错模式"。

这个想法很快被证明是可行的,我们将数据和规律相联系,建立关系网络,进一步使用人工智能方法去拟合构效关系。与以前基于因果关系的构效关系不同,即因为有这样的构造,所以才有这样的性能,现在通过人工智能的方法拟合,可以得到一个模糊的关联性预测——如果具备这样的构造,也许会关联到这种性能。这便从因果关系转变为关联模式,从而提供一种能够模糊预测新材料的可能性。

近年来,我们发现如果将基于量子力学的化学模拟和材料计算与人工智能技术相结合，去研究大量的材料数据，就有可能让我们超越传统的试错性方式，发现新的数据驱动型的研究范式（图3）。

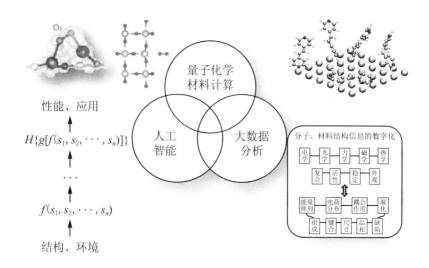

图3　数据驱动型的研究范式

在某些应用中，这种新范式可以将新材料的开发效率提高10倍甚至更多，将节约大量的人力和资源。例如，此前我们团队做催化剂研究时，要搞清楚催化剂吸附分子的吸附能力。分子吸附能力与结构的依赖曲线比较简单，当数据较少时，可以使用玻尔兹曼公式描述（图4）。

实际上，当我们得到更多数据后，便发现其复杂程度根本不是一个简单经验公式可以描述的。因此，当处理一万组吸附能数据时，我们可以使用人工智能工具进行拟合学习。通过用关联性的方法进行解释，既可以准确描述吸附性能和结构的依赖关系，还能够预测未知结构的吸附能力。更重要的是，这个预测是可以迁移的，即从某个系统中拟合学习获得的知识可以迁移到其他系统；基于机器学习获得的规律可以迁移到另一种材料或金属中，以研究其如何吸附的过程。这项研究表明，基于物理化学规律做数据分析，再结合人工智能，会产生一些更加出色的研究工具。

$$E_{ads} = \frac{A - B}{1 + \mathrm{e}(d_{gas} \cdot d_{sur} - C)/D} + B$$

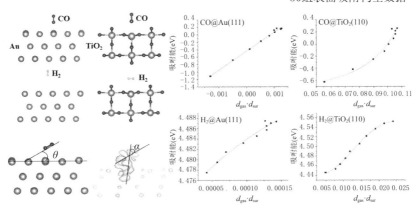

图4 催化剂设计——分子吸附能预测[1]

三、 新范式下，从实验室到应用的几个案例

我们面临的问题是"缺乏数据"。在以往的科学研究中，很多研究都没有存储数据。为了解决这个问题，我们团队搭建了一个数据平台，搜集了9000万个化学分子和1000多万个化学反应以及其他各种类型的应用数据。

如今我们可以提供数据检索服务，这项服务本身具有很高的

---

[1] Jia C Y, Wang X J, Zhong W H, et al. Catalytic Chemistry Predicted by a Charge Polarization Descriptor: Synergistic O_2 Activation and CO Oxidation by Au-Cu Bimetallic Clusters on TiO_2(101)[J]. ACS Applied Materials & Interfaces, 2019, 11: 9629-9640.

价值，可以帮助研发人员快速检索所需要的分子和化合物结构。此外，我们还提供产业服务，基于数据进行软件仿真，帮助设计新材料。例如，我们团队集成了半导体的性能和工艺数据，开发了一个性能仿真软件，已经在一些微电子企业中得到应用。再如，我们团队还为飞机设计合金材料，按照传统方式做合金材料，每次实验均需要高温高压，能耗高且具有安全风险。通过新的范式帮助企业进行数据筛选，进而提出一些初始结构设计，从而缩小实验范围，大幅度提高了找到高性能材料的效率。同时，我们团队还与国家同步辐射实验室的邹崇文老师合作开发智能窗材料。这一工作体现了从基础数据搜集、到量子化学模拟再到人工智能分析，进而筛选出新材料构型，最终做成原型器件的完整研发模式。

团队还研发了一套智能矿山系统。起初，我们与瓮福（集团）有限责任公司（简称"瓮福集团"）合作，进行开采药剂设计。瓮福集团告诉我们，优化药剂并不是最重要的需求，他们更需要深入了解矿石成分。以往，他们主要依靠化学分析，通过矿石熔融和X射线谱仪的检测，耗时约一个小时方能确定其组分。然而，由于每条生产线上的矿石样品各异，该方法已无法满足生产线的指导需求。为此，我们设法采用激光诱导击穿的先进光谱来确定物质的成分和含量。经过前期大量的数据搜集，我们能够快速进行对比求解。虽然对比求解难度相当大，但是我们可以借助人工智能分析先前采集的数据，以补充相关信息。在生产环节循环一个月后，本地数据将会形成一个专家系统，帮助我们反馈并测定物质的成分。这种方法的测定误差在2%以下，从而可准确测定化学结构和组分（图5）。

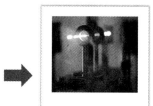

图5　智能矿山系统

如果我们跳出以前传统的试错模式和基于因果关系的理性设计模式，利用大数据来发现材料结构和功能之间的关联性，从而进行新材料设计，那么这将成为一种数据驱动的新范式。这种方法可以大大提高材料开发的效率，大幅度降低成本，并渗透到各个行业。

从2014年到2022年，我们团队攻坚克难，成功研制出"机器化学家"，采用大数据和人工智能，深入量子力学底层提炼规律模型，帮助科学家与工程师突破思维局限，为精准设计提供算法和软件支持。

"机器化学家"由"化学大脑"、机器人实验员和智能化学工作站三部分组成。其中最核心的"化学大脑"通过分析大量化学实验和理论数据建立知识图谱，实现了阅读理解文献、设计化学实验、自主优化方案，并配备了人机交互的操作系统，便于"无编程基础"的科研用户使用。机器人实验员和16个智能化学工作站之间能进行数据交换和互动，精准配合执行化学实验（图6）。

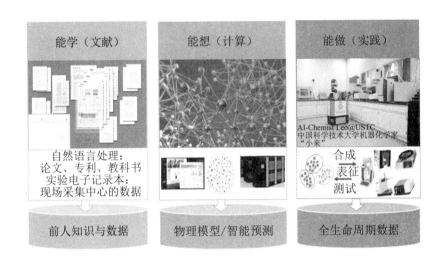

图6 中国科学技术大学"机器化学家"

以研制潜力巨大的高熵化合物催化剂为例,机器化学家基于16000篇论文,自主遴选出5种非贵金属元素,选取20000多种组合进行模拟,建立机器学习的预训练模型,再驱动合成、表征、测试化学实验,采集207次机器实验数据,基于实验数据做迁移学习,建立融合理论规则和现实复杂度的指导模型,调用贝叶斯优化,从553401种可能的金属配比中找出最优的高熵催化剂。将传统需要消耗大量人力、物力、时间"炒菜式"遍历搜索所需的1400年,缩短为5周(图7)。

基于这种化学人工智能的应用方法,我们可以让机器产生"科学思维"。这种机器所具备的"科学思维"具有迁移性,使其能够得到广泛应用。过去,我们培养人类化学家通常需要经历长期的科学训练,包括大量的阅读学习、理论掌握、实践操作以及思考推演等,但仍然容易陷入经验主义陷阱,并且难以从一个人迁移到另外一个人,即使投入了大量时间和教育成本,成功培养出一位优秀的化学家的概率仍然非常低。与之不同的是，培养"机器化学家"则具有独特优势，通过海量阅读、多维思考、精准操作、快速迭代、突破经验，产生科学思维之后，可以快速地进行迁移应用，能够在短时间内实现"科学家"的大规模批量生产，形成颠覆性突破。

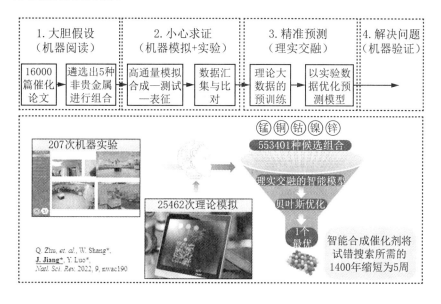

图 7　高熵非贵金属产氧催化剂

当前，机器"科学思维"应用已经迁移到高分子材料逆向合成、无机纳米材料逆向合成、催化剂高通量筛选、仿生光催化剂高通量筛选和半导体器件与芯片精准合成等场景中。未来，我们希望能建成一个机器化学家大科学装置，在一整栋大楼里，布置几百个机器人、几千个智能化学工作站。一边，全国的化学家、材料学家只需在网上提交自己的任务；另一边，团队成员通过智能操作系统分时安排机器人完成任务，最后将方案反馈给科学家。

基于这一大平台，不仅可以让各个课题组的实验数据交汇、共享，产生海量数据，自动提炼出数字化的知识图谱和人工智能的模型，进而指导机器人自动优化产生更好、更高效率的化学品或新材料，而且在进行各个实验的过程中，机器人通过与科研人员互动，默默学习人类的操作逻辑、思维模式，在若干年之后，有望变成一个真正智能、创造力比肩大学教授的机器化学家。

人类文明经历了5次科技革命，第2次科学革命的成果即量子力学的第一性原理，在第3次工业革命中，意犹未尽！第4次工业革命呼之欲出，其驱动力必然是机器智能，途径将是科学智能，通过智能模型融合理论计算与应用实践，彻底释放第一性原理在第3次工业革命中未被释放的理性指导能力，大幅提升工业效率。

量子力学是自然科学领域的伟大成就之一，人工智能是当今信息科技的巅峰成果，而材料大数据里面凝聚了人类文明的果实，从爱迪生时代甚至更早的时代起，无数科学家与工程师的智慧都凝聚在此。如果将这三者结合起来，就能够开启数据驱动的材料研发新范式，并引领新材料开发的革命！

陈 忻
苏州实验室研究员
博士

2011年起任波士顿大学化学系教授。2021年3月加入材料科学姑苏实验室,主持材料大数据和计算项目。2023年4月加入苏州实验室,担任前沿材料智能设计和计算平台负责人,并负责人工智能驱动的材料研发平台的筹建工作。

主要从事人工智能驱动的材料研发,重点发展了融合人工智能与谱学大数据方法,将实验谱学、计算谱学和机器学习相结合,用于材料的性能预测和智能化逆向设计,将数据驱动的新范式应用于多个材料体系,在 Science, Nature Communication, PNAS, Journal of the American Chemical Society 等国际核心期刊发表论文共计50余篇,总引用超6500次,其中他引超过6000次。获美国、欧洲等国际发明专利授权30余项。在美期间,研究工作获得美国国防高级研究计划局(DARPA)、美国国防部(DOD)、盖茨基金会等著名机构资助。

AI与科学范式的转型——
以材料科学为例

一、材料科学与对人类文明的影响

我们居住在一个由微观粒子构成的物理世界，这些粒子可进一步细分为分子和原子。所有由原子和分子构成的实体均可以被称为材料，例如，日常生活中所接触的各种物品和环境，甚至包括人体自身。尽管材料在广义上无所不包，但我们日常所说的材料更多地指用于加工成日常物品、建筑、设施等的物质。我们日常生活中接触的80%以上的材料属于金属、非金属无机化合物、高分子材料、复合材料等。

历史上，新材料的发现和利用具有革命性意义。当新材料对人类的生活方式产生重大改变时，这些新材料甚至能够定义人类文明的发展阶段，例如石器时代、青铜器时代、铁器时代等。近现代的技术革命也离不开新材料的发现和利用。第一次工业革命以蒸汽机为标志，广泛利用了煤炭。尽管煤炭并非新材料，但它可以被视为能源材料。文明的进步程度可以通过能源的利用水平来定义，而能源的利用效率在很大程度上取决于材料转化的能力。第二次工业革命以内燃机为标志。其物质基础是将自然界的石油提炼成汽油和煤油等，以满足内燃机对于燃料这种能源材料的需求。这一时期，人类首次人工合成了氨气。粮食生产能力在很大程度上制约着人口数量的增长，而粮食生产能力的核心在于化肥和农药的生产能力。现代农业需要大量的氨基肥料，合成氨促进了人口数量的增长。第三次工业革命源自三种核心技术力量：计算机、互联网以及移动互联网。这些力量得以实现，依赖于三种核心材料，分别是硅半导体、光纤和锂电池。新材料催生新技术及生产方式，如果没有这三种材料，人类社会将无法经历第三次信息技术浪潮。不难发现，文明的进步伴随着主要材料的变化，新材料和新技术的出现则推动了范式转变和技术跃迁。

虽然我们肉眼无法看到具体的分子和原子，但材料与我们的生活息息相关。新材料的应用推动了诸如手机和电子设备等产品的发展，大大提高了生活质量。每当我们拿起手机，其中就有数百种新材料在为我们提供服务。例如，iPhone的发光薄膜采用了有机发光二极管（OLED），这是20世纪末才发现的一种新材料。后来，三位蓝光LED[①]的发明人获得了诺贝尔奖。但这层薄膜本身的化学应用性质往往不够稳定，因此需要在其上再加一层聚合物胶。聚合物胶不仅具有防护、隔水、隔氧的功能，还能在一定程度上保护屏幕。聚合物胶上还需要盖一层玻璃，这层玻璃是一种防摔玻璃，由康宁公司生产。玻璃主要由二氧化硅构成，还掺杂了一些其他元素。这类玻璃的商品名为"大猩猩玻璃"（gorilla glass），在极薄的情况下，仍有极高的强度和韧性。此类特种玻璃从发明到现在已经有近20年历史，目前还在不断迭代升级中。

---

① 蓝光LED的发明人中村修二、天野浩和赤崎勇获得了2014年的诺贝尔物理学奖。

二、科研范式与 AI 的发展

目前，我们正处于 AI 加速发展的时代。我们已经掌握了诸如 Transformer 等核心 AI 算法和模型框架技术，并对其进行了不断的迭代升级。科学智能（AI for science）本身也不是一个全新的概念，其历史至少可以追溯到 20 世纪 60 年代。当时，艾伦·图灵（Alan M. Turing）提出了这一思路，并且开始有人尝试。然而，由于结果并不成功，20 世纪后半叶逐渐进入沉寂期。

如今回头来看，当时提出的许多理论和概念到今天也并不落后。例如，深度学习的概念在 20 世纪 80 年代就已经被提出，并在 20 世纪 90 年代应用于科学领域。然而，由于当时的硬件能力无法处理高度复杂的网络体系，这些应用仅限于小范围的纯学术领域，并未被主流业界广泛接受。一个有趣的类比是，几千年前人类便发现了石油，但由于没有实现规模化应用，因此它未能真正改变人类历史，直到第二次工业革命到来。

在 21 世纪之前，深度学习只能实现很小的神经网络结构。然而，随着图形处理器（GPU）的出现，这一情况大为改观。数年前，我们就能轻松构建 100 层以上的深度神经网络，其模拟能力大幅提升，很多以前无法解决的问题可以通过这种"暴力"方法轻松解决。

许多科学问题可以归纳为从 a 到 b 的映射求解，例如，在材料研究中，我们需要理解从材料结构到性能的映射，即结构-性能关系或构效关系。换言之，我们所面对的很多材料问题可以概括为求解 a 到 b 的映射问题。其中，a 可以是分子的排列方式、金属的结构或组成等，而 b 则可以是与材料相关的特性，如熔点、沸点、韧性和强度等，这些特性通常需要进行实验才能确定。由于神经网络超强的模拟能力，我们可以利用神经网络构建材料的构效关系，不需要实验，从材料的结构直接预测材料的特性。

托马斯·阿尔瓦·爱迪生（Thomas Alva Edison）一生中花费了大量时间进行各种材料实验，例如灯丝实验等。现今，我们期望能够通过已知的材料结构预测相应的性能，从而减少多次试错实验，这正是"AI for science"的一项重大应用。

随着深度学习技术的发展，人工智能通过大数据和神经网络实现了复杂问题的映射求解。自2015年以来，数据驱动的研究范式在"AI for science"领域逐渐兴起。从最开始的AlexNet[1]，到后来出现的Back Propagation[2]算法，以及典型的ResNet[3]架构，这些技术对数据驱动的研究范式具有深远影响。在神经网络广泛应用之前，我们在建立映射关系时面临着巨大的挑战。理论上一个足够大的神经网络在数学上可以模拟任何一个（连续）函数。随着我们能够轻松地构建大尺度的神经网络，一旦有足够的数据，我们就可以建立映射关系，从而轻松完成预测材料性质等重大任务。

---

[1] AlexNet：是一种卷积神经网络（CNN）架构，它于2012年引起广泛关注，因为它在当年的ImageNet大规模视觉识别挑战赛（ILSVRC）中取得了非凡的成绩。这个神经网络模型由Alex Krizhevsky, Ilya Sutskever和Geoffrey Hinton设计。AlexNet主要应用于计算机视觉任务，特别是在图像分类和物体识别方面表现优越。

[2] Back Propagation：是一种广泛应用于深度学习和神经网络的训练算法。它根据神经网络的误差来调整各个层的权重（即连接不同神经元的强度），以便改善模型的性能。

[3] ResNet：全名为Residual Network（残差网络），是一种深度神经网络（DNN）架构。它最初是由何恺明（Kaiming He）等人于2015年提出的，用于解决深度学习中的"梯度消失"和"退化问题"。ResNet被广泛应用于计算机视觉和图像识别任务等领域，因为它可以构建非常深的模型并在训练时保持较高的性能。

三、 材料科学与蛋白质生物科学研究的对比

深度思考（DeepMind）公司推出的AlphaFold[①]在2021年底用AI实现了映射求解蛋白质结构，其可以通过氨基酸序列预测蛋白质三维结构，准确率超过了90%。这是一个里程碑式的工作。

蛋白质一级结构在数学上相对简单。在化学上，蛋白质可以看作线性高分子，其中每个氨基酸单元可能是20种氨基酸之一，每种氨基酸可以用一个英文字母来表示。以新冠病毒Covid-19的最关键的突刺蛋白（spike protein，图1）为例，其由100多个氨基酸构成。这种蛋白可视作由约20个英文字母进行多种组合排序后形成的具有100多个字母的英文单词。从数学上看，这样的单词存在20^{100}种可能性，每种可能性都对应一种蛋白质。AlphaFold则能够准确预测这20^{100}个序列中任一蛋白质的三维结构。不难想到，AlphaFold的进展对生物学、医学具有重大意义。预测突刺蛋白质意味着人类可以设计新分子，用于阻断病毒。

利用类AlphaFold的工具，人们在人工定制蛋白质方向上取得了重大进展，将蛋白质设计成某一特定结构，形成球状或海星状。人们还能够制造出中空的蛋白质结构，即在蛋白质中间定制出三角形、四边形，甚至六边形的空隙。

[①] AlphaFold：是一个由DeepMind公司开发的AI系统，它应用了深度学习技术来预测蛋白质结构，也就是预测蛋白质折叠成的三维空间形状。蛋白质结构的预测在药物设计、疾病研究和生物学领域具有重要意义，但这一任务在过去一直被视为科学界的一个重大挑战。

·材料科学·

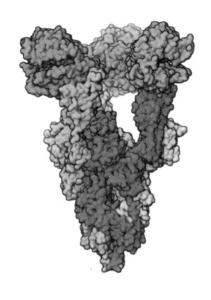

图 1　突刺蛋白

更重要的是，人们还可以利用特定蛋白质的结构来实现对特定化学反应的催化作用。在生物体内，绝大多数生理化学现象都基于蛋白质的作用，其中大部分由酶来进行调控。然而，经过数十亿年的进化，酶催化系统是否已经达到了最优效能？我们能否将酶的效率提升，甚至成百上千倍地提高，已成为一个非常值得研究的问题。原则上，我们可以通过设计创造全新的蛋白酶，以实现难以想象的功能，甚至可能找到比自然进化更为出色的解决方案。就像AlphaGo能够找到超越人类理解的棋路一样，人类完全有可能创造出比自然界更卓越、更高效的分子。

AlphaFold的成功很大程度上依赖于对蛋白质数据的长期积累。人类对蛋白质研究的高关注度促成了全球蛋白质数据库（protein data bank）[①]的建立。该组织汇集了人类目前已知的数十

---

① 为研究人员提供关于生物大分子（如蛋白质和核酸）的重要资源。

万种蛋白质结构数据，且数据全部公开。这些数据对于科学家来说非常宝贵，因为它们代表了几十年来生物学家共同努力和贡献的成果，彰显了人类在这一领域合作共赢的精神。如此海量且高度整合的数据，对于AlphaFold的成功开发厥功至伟。对科学智能来说，积累数据是一项非常重要的任务，生物学领域在这一方面做得相对较好，当然这也与生物自身的特点有关。蛋白质的一级结构，如上所述，可以简化成一个字符串，数据结构是相当简单的，可以通过编码轻松实现。

虽然AlphaFold的参数规模可能达到数百万甚至上千万个，但仍然远远小于大模型。比如，一个由1000个氨基酸组成的蛋白质，实际上只是由1000个字母构成的字符串而已，并不会占用太多的空间。AlphaFold所需的数据总量并不是很大，完全可以在单台计算机上运行。

相比之下，材料数据的信息化要比生物学困难很多。因为分子存在于三维空间中，每个原子的位置可以在三个坐标轴（x、y、z）上自由移动，没有简单的线性规律，所以分子和材料的结构编码更加复杂。例如，一种纳米材料通常包含至少几千个原子，我们需要确定每个原子的精确位置。完整描述这样的材料结构，数学上是一个数万维的复杂问题。在材料科学中，实现普适的信息化要比生物材料研究本身更加困难。目前的研究无法涵盖所有材料，需要先根据材料类型进行选择。

最简单的例子是合金材料。以钢为例，钢通常由90%以上的铁，以及少量碳、镍、钴等成分组成。不同的组成成分会产生不同种类的钢，例如高锰钢和高碳钢等，它们具有不同的性质。在探索这类材料时，我们更加关心金属成分，而不过于关注每个原子在空间中的具体位置。当然，即使如此简化，合金材料的参数空间仍然很大。假设一种合金材料有5种成分，且每种成分的准确度达到千分之一，则所有可能的组合高达约 1000^4 个，这也是一个非常巨大的数字。

四、关于科学研究的大模型

今年以来，面对大模型的兴起，学界和业界均表现出极大的兴趣。人们开始探讨和尝试是否可以构建一个类似于自然语言的大模型，使其具备对科学知识的基本理解和认知能力。

图2 ChatGPT

长期以来，常识问题被认为是人工智能发展中难以突破的难题。然而，ChatGPT的出现颠覆了这一局面。相比许多受教育程度较低的人类个体，ChatGPT甚至可能拥有更好的常识知识储备。实际上，绝大多数人都缺乏科学常识，即使是接受过良好教育的人也可能由于在大学阶段后长期没有接触数学、物理、化学和材料等学科教育而缺乏相关知识。

人们正在探索能否为 AI 赋予科学常识,在不同行业领域构建领域专业常识,这种常识可以被视为一种专业素养水平。第一目标是培养大模型在某个专业领域达到相当于优秀硕士的水平。本人预计这一目标有望在两年左右的时间实现。

当面对数百甚至数千个材料体系时,我们希望研发一个材料领域的通用大模型。该模型能够对材料学中的所有体系有基本的认知,并在此基础上进行简单微调,或者通过提示工程(prompt engineering)等方法来使其在特定的小型材料体系上表现良好,从而用一个模型解决多个材料领域的问题。这是一个让人激动且令人向往的目标,相当于 GPT 在诸多子领域内达到了硕士或准博士水平。

目前 GPT 是基于自然语言(natural language)开发的。自然语言是人类自己发明的,符合人类身体的生理特点。例如,人的喉咙和声带配合,只能发出大约 200 Hz 的声音。无论是英语还是汉语,都是一种描述性语言,被人类发明用于描述人类的情感、生活和日常需求。在人类创造这些语言时,并不了解分子和原子的存在。自然,这些语言并非是为了描述分子、原子而设计的。直到 19 世纪末 20 世纪初,人们才逐渐开始认识到物质的基本构成。来自欧洲的化学家和物理学家们利用英语、法语和德语等语言来描述这些科学概念。不难预见,描述分子最好的方法并不是自然语言,而是分子式这种形式化语言或符号语言。或许存在着更适合描述分子和原子世界的语言,只是科学家目前仍然主要使用自然语言,如英语、汉语、德语、法语等,来描述复杂的科学概念。这些基于自然语言的描述是否是最有效的大语言模型语料,这一问题没有答案,值得深入探讨。

目前，基于自然语言训练大模型科学常识的尝试并不成功。原因可能有二：一是数据量不足或模型规模不够大，二是需要反思采用自然语言处理科学问题的方法是否正确。可能需要恰当地使用科学本身的语言，例如分子式和谱图等。相较于自然语言，这些化学、物理的"语言"可能更利于描述物质世界。结合化学、材料科学和物理学等领域的符号语言，利用GPT技术进行训练，可能得到更适合描述自然科学的语言模型。

不同科学领域使用的科学语言既有区别也有交叉。以生物学为例，药物通常由小分子组成，材料学也同样使用这些小分子。各个学科领域之间并非完全相互独立，而是存在重叠。因此，无法简单地说每个领域都有不同的语言。各领域的语言既有共通之处，也有差异，某种意义上可以将其理解为不同的方言。不同学科的科学家可以交流，但确实存在一些内容不易理解。

当前，类ChatGPT的大模型已经对文书和翻译工作造成降维打击。不难想像，如果开发了适用于化学、材料和物理等领域的大模型，也会对当前的物理、化学、材料的研究方法产生降维打击。

五、AI将加速科学研究的进展

AI在中长期天气预报系统中的应用是非常典型的范例。相较于10年前准确性相对较低的天气预报，如今我们已经能够几乎准确地预测何时会下雨以及降雨量如何。天文学领域已经广泛应用了人工智能。以"天眼"望远镜为例，每天产生的数据量为数百TB，只有AI才能够处理如此体量的数据。

个人认为，人工智能在医药和新材料领域将迎来最大的应用突破。过去发明一种新药通常需要耗费约20年的时间、10亿美元的成本。如今我们有机会极大地加速这一研发过程。预计在未来10年内，将研发出10种以上能够真正改变人们生活的药物。

新能源是当今的热点。光电、风电、水电、氢能源等各种新能源的发展都离不开对各种新材料的创新应用，人工智能技术在其中也发挥着积极作用。能源储存也是一个非常重要的研究方向。尽管新能源领域已经取得了很大的突破，但实际上利用率并不高，弃风弃电现象的比例甚至超过30%。最近，荷兰甚至出现了负电价的现象，一段时间内电厂突然生产了过多的电力，导致整个电网无法承受。这些都是我们以前无法想象的问题，而解决这些问题很大程度上依赖于新材料的研发和应用，特别是储能材料等。

AI、VR都是需要新材料的典型例子。元宇宙尚未真正实现的核心原因是现有眼镜设备过重、分辨率不高、视角窄。因此，我们需要开发Micro LED技术，即微型发光二极管阵列。

六、AI如何影响物理世界的生产与科研

目前，AI的影响力主要体现在虚拟世界中，如产生文字、绘画等。我们认为，AI在物理世界中具有更大的潜在影响力。英伟达公司创始人黄仁勋预测人工智能下一波浪潮是AI对物理世界产生作用，预期市场总估值将达100万亿美元。如今，AI对物理世界的理解和影响力还处在萌芽期，但已经有了一些苗头。一个最典型的例子是英伟达公司最近推出的计算光刻工具（computational lithography），该工具可以提高当前光刻技术的精度，进而提升芯

片的计算能力，从而对物理世界产生更大的影响。这种技术本身并非直接改变物理世界，但是它赋予我们更好地操控原子的能力，从而实际上改变了原子排列的方式，使其更好地为人类所用。我们团队正在进行的项目"人工智能与材料科学研究"也在某种程度上呼应了黄仁勋的观点。

在人们对GPT的几个缺陷的批判中，其中一条是其缺乏与物理世界之间的连接手段。目前，人们已经能够将GPT与自动化和机器人技术相融合，可以通过GPT给机器人下达指令来实现自动化。

目前，我们团队正积极策划将科学GPT与大科学装置相连接。例如，同步辐射环上有许多不同的线站，使同步辐射光源可以进行不同的科学实验。现在我们已经能够将部分线，诸如小角X射线衍射等实验数字化。全面数字化意味着将整个信息系统进行自动化处理。假设我们正在研发一种新型材料，并且希望对其性能进行优化。在实验过程中，可以运用科学GPT生成实验方案，并结合自动化机器人完成实验操作。换言之，AI科学家能够通过控制数字化的实验装置进行实验，从而显著减轻繁琐枯燥、耗时费力的人工实验给人的工作负担。

七、总结和展望

将人工智能应用于材料科学研究中会面临一系列的挑战，包括人工智能的可解释性、分布外泛化、不确定性量化等。例如，传统的机器学习方法假设训练数据和测试数据遵循相同的分布，而这一假设往往不符合实际。由于材料科学本身的广泛性、交叉性和多元性，这一问题尤其突出。此外，相对于生物、气象等学科，材料数据相对分散，标准化程度低，尚未建立广泛、有权威性的数据库或数据体系。因为这一系列的实际困难，目前在人工智能驱动的材料科学研究（AIMS）领域中尚未出现堪比AlphaFold级别的成果。同时，这也意味着巨大的机遇。随着材料数据的快速积累，材料信息数字化的工作也在快速发展中，预计AIMS的重量级成果将在不久的未来问世。

展望未来，我们高度期待材料科学智能体的出现。从科学假设的生成，到实验（包括真实实验和模拟实验）的设计和执行，以及结果分析和验证等，都可以部分甚至全面流程化、自动化和智能化。类比人工智能生成内容（AIGC），人工智能可以依据文字描述自动生成图像或影像，材料科学智能体将有望实现根据文字描述自动完成新材料设计、制备、验证的全过程，真正实现新材料的按需创制，开启材料学的新篇章。

数据科学

樊文飞

中国科学院外籍院士
英国皇家学会院士
欧洲科学院院士
英国爱丁堡皇家学会院士
英国皇家工程院院士
美国计算机协会会士

数据库专家,中国科学院外籍院士,英国皇家学会院士,欧洲科学院院士,英国爱丁堡皇家学会院士,英国皇家工程院院士,美国计算机协会会士(ACM Fellow),英国爱丁堡大学信息学院首席教授,深圳计算科学研究院首席科学家。

长期从事大数据、数据库理论和系统的研究。英国皇家学会称他"规范了大数据查询问题,提出了全新的大数据计算方法,突破了传统数据库系统的局限","对数据质量领域做出开拓性贡献并在工业界产生广泛影响"。创立大数据计算易解类理论,奠定了大数据复杂性研究的基础;实现图算法的自动并行化,简化了大规模图计算程序设计、调试和分析;提出有限资源下的大数据可计算理论与方法,为资源受限用户实现大数据分析提供了基础。重构了数据质量五个核心问题的理论,首次为关键数据修复提供了正确性保证。开辟了半结构化数据约束研究领域,定义的XML约束语言被纳入W3C标准。

国际上囊括了数据库理论与系统顶级会议最佳论文或时间检验奖的两位学者之一,被誉为"极少数在数据库理论及系统两方面都做出突破性贡献的世界级科学家之一"。

· 数 据 科 学 ·

钓鱼城——
基于图计算理论的数据分析系统

　　数据是助力21世纪发展的"新石油",是科学研究的支撑,大数据和人工智能是能分析科学态势、把握技术走向的新科学方法,擅长在纷繁的数据中发现、建立背后的关联。数据资源正在变成现代社会可持续发展的一个决定性资源。在未来的竞争中,一个国家能否成为科技革命的策源地,一个衡量标准就是看其是否拥有最好的大数据基础设施,能不能生产和占有最多、最全的数据;有没有最高、最快、最好的数据分析能力和计算能力;是不是最有效地利用与开发数据的价值算法和应用服务。

　　深圳计算科学研究院在大数据领域进行了一系列研究和探索,"钓鱼城"工作是深圳计算科学研究院的主要工作之一。这一命名源自金庸先生的小说中杨过镇守襄阳的故事,我们希望自研的这个大规模图数据分析系统能在数据科学领域为世界做出贡献,故以"钓鱼城"命名。

一、图数据关联分析的背景和意义

当前,大数据特征带来的挑战主要有五点,我们称之为"5V":第一,数据规模(volume)庞大,数据总量呈指数增长,现有关系数据库管理系统不满足全量数据的处理需求;第二,数据种类(variety)繁多,有业务信息数据、行为数据、第三方系统数据等,需要异构数据统一分析能力;第三,数据变化频繁(velocity),推荐业务要求实时分析,当前的流批单处理方式成本高、开发周期长;第四,数据的真实性(veracity)低,据Gartner公司2018年统计,脏数据每年给美国每家公司平均造成1500万美元的损失;第五,数据价值(value)利用率低,如美国90%以上的市场营销取决于关联关系分析,而不是依赖于现在热门的"用户画像"。

很多时候,我们不知道数据之间有什么关联,能产生什么价值。为了发现实体间的关联关系,钓鱼城图数据分析系统(简称"钓鱼城系统")采用图数据模型。图数据是用点表示个体,用边表示关系,由点和边形成的一个网络结构。以前这些形容关系的数据主要在表格上做,现在大家已经意识到应该在图上做,因为它能够更好地展示个体之间的关系。2019年,Gartner公司在《十大数据分析技术趋势》中预测,到2022年,全球图处理及图数据库的应用都将以每年100%的速度迅猛增长。且目前在工业界、学术界,很多工作是把现有的表格数据、关系数据变成图数据(图1)。

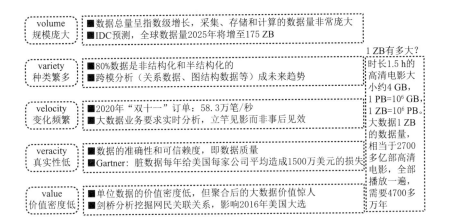

图 1 大数据"5V"特征带来的挑战

分析师通过对数据集进行关联分析可得出"由于某些事件的发生而引起另外一些事件的发生"之类的规则,这些关联规则并不总是事先知道的,但对商业决策、业务决策等具有重要的价值。2020年,中国科学院院士梅宏向中共中央政治局作中国大数据分析的报告,报告指出目前中国大数据行业发展有几个短板,其中之一就是大数据的分析在传统业务应用中非常有限。例如,电池制造相对信息产业来说是一个传统行业,但在工艺优化上,具备很大的大数据分析应用潜力,现有的主流分析方法不能满足准确性的要求。

图数据分析在运营商、金融、电商社交、工业制造、生物制药等诸多行业应用前景巨大。在运营商行业,能够实现客户流失归因、电信诈骗预警。在金融行业,能对金融大数据进行关联分析,实现监控危险交易和对欺诈用户进行风控管理,识别出潜在客户进行精准推荐,阿里巴巴公司的"蚂蚁金服"就是用图神经网络(GNN)方法去改进营销手段的。在电商社交行业,可以通过用户行为、兴趣、位置、好友和阅读历史记录等信息之间的关系，向用户提供精准的个性化推荐，比如"抖音"软件。在工业制造行业，通过产线数据分析，优化生产工艺、提升良品率、对设备预测性进行维护，比如钓鱼城系统在动力电池生产中，用化成阶段的数据预测下阶段分容工步的结果，大幅提高生产效率并降低成本。在生物制药行业，使用大数据分析辅助创新药研发的前期靶点发现、药物分子结构设计、老药新用等（图2）。

- 拥有大量数据，需要知道**如何利用数据**
- 拥有大量客户数据，以此提升客户满意度并**有针对性地预防挽留**
- 采集了大量生产数据，需要**优化工艺流程**
- 积累海量历史订单数据，需要**精准引流、选品、推荐**
- 采集了大量设备或产品数据，开展**故障预测性维护**
- 存在海量行业数据，需要从中发现**对手、群体、实体行为规律**
- 拥有大量医药历史数据，需要开展**新药研发/老药新用**
- * 用户流失特征提取（挽留）、恶意投诉用户识别（监管）、优质客户行为特征提取（获客）、优质人群特征细分（营销）……

图2 利用图关联分析构建各垂直领域应用

二、钓鱼城系统图数据关联分析解决方案

现有系统高度依赖数据专家和行业专家的合作，难以发现"惊喜"规则，主要流程为：数据专家完成数据的清理、剖析、可视化；行业专家分析数据，结合行业知识给出潜在规则；再由数据专家编写脚本，在已有数据中验证规则；最后由行业专家根据

验证结果调整、优化；经过反复迭代，形成最终成果。某互联网公司560人的团队经过3年时间仅发现29条规则，可见机器学习辅助人工分析代价巨大，这个方法还有很明显的不足。

　　当前所说的AI都认为是机器学习，其实AI有两个流派，一个是逻辑，另一个是统计，而机器学习就属于统计这一流派。在20世纪60年代，AI成为一个比较时髦的学术方向，那时基本上还是逻辑占主流。虽然20世纪90年代机器学习已经出现，但是当时真正广泛应用的是以规则为主的逻辑规则。一直到2007—2008年，由于算力的提高和数据量的增大，大家发现这些基于大量数据的统计方法能让机器学习占据优势，那时起，机器学习才成为主流，我国还将机器学习作为重点。实际上，学术界早有认识，机器学习的确有很多优点，但是只在某些领域比较有用，比如图像、语音识别以及比较规则化的内容。但在其他领域，尤其是自动驾驶、工业制造这些不可预测性比较强、数据量比较大的领域，它的表现并不完美。与此同时，最大的一个问题是机器学习没有可解释性，也就是说我们可以强迫机器进行计算，但这并不一定是最终结果，因为机器学习并不一定会终止到一个稳定的状态，根据不同的数据变化产生的变动会非常大。而且，新增未学习过的新数据维度后，模型需要大量训练，更新参数以理解新特征，很难做到增量训练。最后结果即使收敛了，也不确定是否敢使用这个结果，也无法解释这个结果，这也是多年来逻辑规则在AI学术界占主流的原因。

　　虽然机器学习在国内占据主流，但是在国际上已经开始反思机器学习这个模式，其实过去10年做的复杂模型都可以用20世纪90年代发现的模型来做。相关数据显示，2018年，在工业界67%

的工业系统运用逻辑规则，17%运用机器学习，16%则试图把两者结合起来。虽然两者结合是理想情况，但是目前还没有一家成熟的机构能做得比较突出。

　　针对这些难点，钓鱼城系统能做什么呢？该系统是第一个尝试把逻辑和机器学习放在一个统一框架下的全新实践，是首个支持自动发现、自动校验、可增量、可解释的图关联分析系统。具体而言，我们是以"图"抽象数据，对关联数据进行挖掘，用语义逻辑框架融合传统统计画像、机器学习方法，发现更深层的数据规律，让机器学习结果可解释、更精准。其技术基础是我们开创的基于图模式匹配、属性依赖关系、机器学习模型融合的图关联规则（GAR）理论，以及基于并行图计算的数据关联分析和规则挖掘理论。钓鱼城系统在核心数据算法和应用系统方面均有所创新。

　　为什么我们要把逻辑规则和机器学习融合成统一的框架？我们的图关联规则可以表示为 Q（X→Y），其中图模式 Q 采集相关的实体，规则 X→Y 表述这些实体之间的关联，含义是如果条件 X 满足，那么结论 Y 一定成立。区别于传统的逻辑规则，机器学习模型可以作为谓词嵌入条件 X 乃至结论 Y。例如，在电池行业要预测电池好坏、最大容量等问题。传统的逻辑规则一般只用一些简单的逻辑谓词，比如等于、不等于、大于、小于，温度大于多少、速度大于多少等。但是在我们这个模型中还可以把现有的机器学习模型当成逻辑谓词放进来，表述复杂统计条件，并且已有的电池行业的逻辑规则也可以放进规则库里加以运用，从而进一步提高现有系统的精度。再比如某电商平台用机器学习模型判断两个产品是不是同一个，但基于统计的方法在某些条件下并不是很精确。我们在这个基础上，同时给已有的机器学习模型加了很简单的逻辑条件：这两个产品是同时上线的，且机器学习模型判断两个产品的描述是相同的。在加了这个简单的条件后，预测结果更加精准。构建统一的框架使我们能够表述实体关联的拓扑结构，同时用逻辑谓词和机器学习模型描述关联产生的条件和结论。

假设用机器学习模型来判断为什么电池会出现异常，当输出了一个特殊的结果时要如何去解释？我们的技术系统可以把这个可解释结果自动发掘出来，如发现某种条件成立时会和这个模型输出的结果存在一定的因果关系或其他关联关系。机器学习在很多领域不能用的原因就是不可解释性，即所谓的"黑匣子"问题。而钓鱼城系统的核心价值就在于不仅能提升机器学习模型的精准性，发现常人看不到的线索，还能提供机器学习预测结果的可解释性。

在系统应用方面，以人才推荐领域为例，青年人才推荐是典型的灰度与精度的结合，传统AI和画像方法均有不足。例如，协同过滤（collaborative filtering，CF）模型推荐存在"冷启动"问题。新人缺少前期数据，导致推荐算法波动很大，且很难引入侧面信息辅助CF提高准确度；基于内容（content based，CB）的推荐算法模型，如用户画像加上时间序列的方法，依赖已有数据，生成特征总结，缺少跨实体推荐。例如，学者导师的成果、导师合作者的成果、学者自身朋友的成果会对后续学术成果产出带来什么影响。需要一些手动标注的特征以及大量领域知识，在青年人才推荐中很难扩展及发现隐藏特征；基于知识图谱的图神经网络算法，如GraphSAGE等开源架构，在推荐时引入了拓扑结构、异构实体等的向量表示，属于热点研究，但对异构网络和高度节点的处理精度仍不足。这些主流推荐算法均存在不可解释的问题，不适用于人才选拔。青年人才识别需要靠较少的已知数据，通过其关联数据给出潜力指数。而通过图关联约束，融合机器学习与GNN，则可以提升推荐精度，并且给出可解释的逻辑规则。用图从更高维度对学者建模，更全面地表达学者信息，基于异构图融合推理，实现可解释、普适、精准推荐。钓鱼城系统已经融合了业内最新推荐算法成果，结合图关联规则的逻辑推理，形成了业内首创的可解释自动推荐框架（图3）。

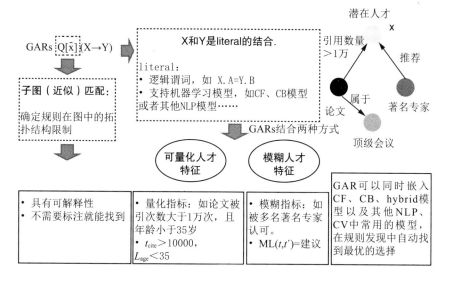

图3 钓鱼城系统在人才推荐领域的应用

在金融领域，传统金融欺诈环子图规模大，依赖专家人工定义规则，规则一般在3条边左右，不能完全满足欺诈检测需求。例如，某互联网厂商使用GNN做金融风控，其有效结果可达95%，但因结果的不可解释性，为避免歧视性结果，只有不到5%的结果得到实际应用。钓鱼城系统支持对大图数据的规则发现，在测试数据集中发现欺诈环模式，通过对环的扩展，可以持续识别更多潜在欺诈身份，提升欺诈发现能力，在与头部金融贷企业合作中，欺诈识别率比现有系统提升50%以上（图4）。

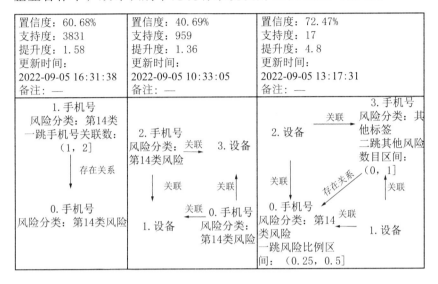

图4 钓鱼城系统在金融领域的应用

在社交网络领域，通过用户行为、兴趣、位置、好友和阅读历史记录等信息，深度挖掘数据关联关系，向用户提供精准的个性化推荐内容。当前意见传播、动态网络影响力传播、知识图谱构建是社交网络分析的典型应用。由于海量图数据的关联性大、分割复杂，基于图结构的数据构建算法模型复杂度很高，导致基于图数据的分析算法并行化难度很大。目前，大规模图挖掘算法的思路是将矩阵与向量相乘的过程并行化，算法代价高，无法实现社交网络的关联分析。基于此情形，我们采取的方案是采用我们提出的图中心并行计算模型，将大图变小，提升单点计算效率，同时处理动态社交图数据。例如，美国的精准营销并不是靠广告，而是靠朋友圈推荐进行销售。数据显示，90%的人相信熟人推荐，14%的人相信广告推荐。钓鱼城系统精准推荐在大规模社交网络图上可以做到深度为6、最大10条边的大图匹配，相比于传统推荐系统，可有效改变传统基于用户画像的个性化推荐转换率低的问题，推荐转化率提升300%（图5）。

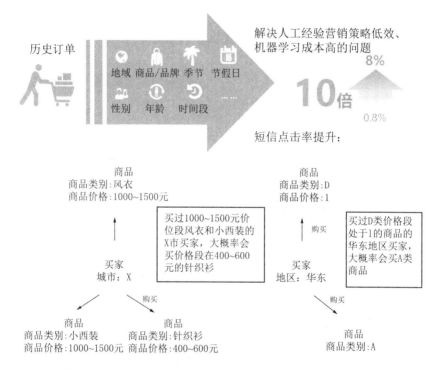

图5 钓鱼城系统在精准推荐领域的应用

三、钓鱼城系统图数据关联分析解决方案竞争力

钓鱼城系统相较传统机器学习关联分析系统，减少了对专家经验的依赖，以及机器学习的随机性与不确定性。通过自动化、可解释的规则，实现了分析结果的高精准。逻辑融合机器学习的关联分析技术在国际上是领先的，系统与国内、国际的对标，一

些关键指标都处于领跑阶段（图6）。

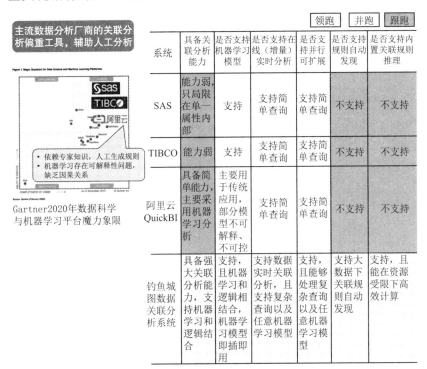

图6 钓鱼城图数据关联分析子系统竞争力对比

系统	具备关联分析能力	是否支持机器学习模型	是否支持在线（增量）实时分析	是否支持并行可扩展	是否支持规则自动发现	是否支持内置关联规则推理
SAS	能力弱，只局限在单一属性内部	支持	支持简单查询	支持简单查询	不支持	不支持
TIBCO	能力弱	支持	支持简单查询	支持简单查询	不支持	不支持
阿里云QuickBI	具备简单能力，主要采用机器学习分析	主要用于传统应用，部分模型不可解释、不可控	支持简单查询	支持简单查询	不支持	不支持
钓鱼城图数据关联分析系统	具备强大关联分析能力，支持机器学习和逻辑结合	支持，且机器学习和逻辑相结合，机器学习模型即插即用	支持数据实时关联分析，且支持复杂查询以及任意机器学习模型	支持，且能够处理复杂查询以及任意机器学习模型	支持大数据下关联规则自动发现	支持，且能在资源受限下高效计算

从数据价值来看，为什么说钓鱼城系统领先？第一是其将逻辑规则和机器学习结合在一起，现有的机器模型都可以用在其中作为逻辑谓词，而且可以加一些先验条件使得精准度比原有系统更高；第二是可以用自动发现的规则解释机器学习预测结果，用户可以进一步自行判断这个规则、对应的机器学习结果是不是有意义。需要强调的是，任何一个场景刚开始的时候规则都不是很准确，它需要自动调优慢慢达到稳定，但是随着规则的积累它会越来越准确，逐渐成为知识。数据的价值分为几个层次，最简单的就是原始数据，往上是从中提取的关键信息，再往上是基于信

息构建出的以规则为代表的知识。

总体分析，目前AI领域规则推理和机器学习两类主流方法各有优劣，钓鱼城系统首创图数据的新型关联规则，结合机器学习模型和逻辑规则以提高精度，提升机器学习模型的可解释性，精准分析业务数据的关联关系，有效解决国际学术界和工业界的难点和重点问题。

张文禄
国家杰出青年科学基金获得者
中国科学院物理研究所研究员
中国科学院人才项目计划获得者

中国科学院物理研究所研究员，国家杰出青年科学基金获得者，中国科学院人才项目计划获得者，中国物理学会等离子体物理分会理事，中国核学会核聚变与等离子体物理学会理事，国际托卡马克物理活动（ITPA）快粒子专题组中方代表，中国核能标准化技术委员会核聚变技术委员会委员，磁约束聚变理论与模拟会议组委，中国等离子体暑期学校组织委员会委员。

主要研究方向是等离子体波和不稳定性，包括湍流和输运、快粒子物理、剪切阿尔芬波、辅助加热的理论和模拟等。磁约束聚变等离子体中先进非线性回旋动理论大规模模拟软件GTC（gyrokinetic toroidal code）的核心开发者，国际标准性能评估组织（SPEC）测试程序包中GTC软件的签约人和协调人，国内第一个大型非线性聚变等离子体动理论粒子模拟软件VirTex的开发人。负责多项科技部重点研发计划项目，国际热核聚变实验堆（ITER）计划专项课题，国家自然科学基金项目，中国科学院先导项目等。

云端制造和工业仿真

一、高科技产品"缺芯少魂"依然严重

数字化时代,计算无处不在,如同空气渗透到日常生活、工作和生产各个环节。从电子手环等小型穿戴设备到世界 TOP 500 超级计算机大规模计算任务,计算需求与应用横跨非常广的范围。

当下,我们面临一个非常重要,但是多数人并未意识到的问题:对于内容如此丰富的海量计算任务,我们软件的计算效率如何?有没有充分利用计算资源?利用率高不高?是否节能环保?

一个好的计算模式可以在计算效率提高成千上百倍的同时,只消耗原来1%甚至1‰的能量,极大降低能源的消耗,提高单位能源的利用效率。也就是说,好的计算模式既能提高生产效率,也能提升单位时间的产出。

在国家和地区各个层级产业政策的支持和引导下,产业升级和更迭越来越快速而广泛,"软件定义制造"的时代正在开启。目前,我国着力推动工业技术的软件化,集中力量解决关键软件的"卡脖子"问题。然而,在产业升级的过程中,我国还面临诸多挑战。据统计,2018年全球工业软件市场规模为3893亿美元,其中亚太地区占24%,中国工业软件市场规模为1678亿人民币,其中

核心工业软件领域中的计算机辅助工程（CAE）仿真软件市场领域，欧美国家巨头公司占据了95％以上的市场份额。

行业软件就是先进制造的灵魂。我国对行业软件的需求在不断增长，这种增长趋势与我国持续的创新和研发投入保持一致。尽管如此，从目前整个行业软件的格局来看，无论是整体的市场分布，还是细分的市场排名，几乎都还是由国外厂商控制。

从高技术领域来看，我国行业软件目前正面临"缺芯少魂"的困境（表1）。"芯"是指芯片，国家对包括芯片在内的高技术领域投入了大量的资源，但是缺乏自主可控、具有世界影响力的设计研发类工业软件，长远发展必然会受到制约。

表1　高技术领域"缺芯少魂"

芯片	Qualcomm、Intel、AMD、NVidia、海思
操作系统	Android、iOS、Windows、macOS、Linux、BSD
办公软件	Microsoft Office、OpenOffice、LibreOffice、WPS
电子电路	Multisim、Tina、Proteus、Cadence、MATLAB、Altium
仿真	ANSYS、Dassault Systèmes、MSC Software、Siemens、PLM、Altair、OpenLab
分子影像	GE、Siemens、Philips、MiP

当前，我国在操作系统、办公软件、电子电路、工业仿真、医学分子影像等方面技术基础都比较薄弱，尤其在工业仿真和医学分子影像等领域迫切需要行业软件实现突围。工业4.0时代需要以中国主导、自主可控的行业软件作为支撑，研发出一批世界先进的行业软件，打破外企垄断行业软件市场的现状，逐步实现软件和解决方案层次的国产替代，为产业升级提供强有力的支撑。

二、国产智能制造工业仿真平台（OpenLab）

在工业4.0时代，以物联网、大数据、云计算、人工智能为代表的新一代信息技术成为新生产力，技术的发展促使生产力不断提高，对利润率的追求促使行业不断发生变革。工业互联网为"工业4.0"提供网络连接助力，数字孪生为跨层级、跨尺度的现实世界和虚拟世界建立沟通桥梁，是工业4.0时代的核心技术（图1）。

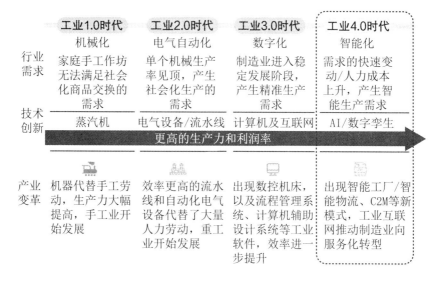

图1　数字孪生是工业4.0时代的核心技术

数字孪生是充分利用物理模型、传感器、运行历史数据等，集成多学科、多物理量、多尺度、多概率的仿真过程，在虚拟空间中完成映射，从而反映相对应的实体装备全生命周期过程的数字化模型，能够实现从实物的实体生产到数字生产的闭环。在这一过程中，所有设计都需要依靠物理仿真去验证，所以仿真是创建和运行数字孪生、保证其与对应实体实现有效闭环的核心技术（图2）。

图 2　从实体孪生到数字孪生

计算机辅助设计（CAD）的传统产品生命周期管理（PLM）厂商正在加紧布局数字孪生，尤其是仿真领域。例如，西门子公司于2016年收购电子设计自动化（EDA）公司——美国Mentor公司，以及计算流体力学（CFD）软件厂商CD-adapco，进一步增强了机械-电子-流体一体仿真能力。达索公司先后收购全球高度动态流体场仿真领域的领导者 Next Limit Dynamics 公司和产品工程仿真软件全球创新企业 Exa，两者旗下的 Xflow 软件和 PowerFlow 软件加强了达索高端流体仿真能力。2018年达索公司又收购化学反应仿真公司 COSMOlogic，加快了在科研领域产品生命周期管理的布局。为了实现数字孪生，各大传统工业软件巨头陆续通过多项收购来打造生态体系，逐渐从原来的二维转向三维，从单纯的结构力学计算向多元物理场演进等，从而使得仿真越来越接近现实（图3）。

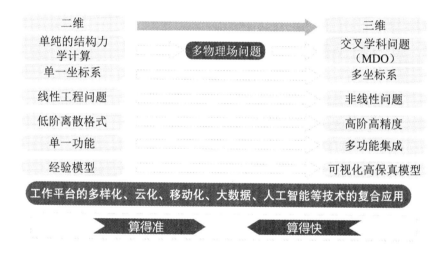

图3　CFD软件的演进

从计算机辅助工程（CAE）和计算机辅助设计开始，通过计算机辅助制造（CAM）将数字模型转化为实际产品，最终整合到PLM系统中进行全面的管理和优化（图4）。这便是数字孪生产品的发展路径。

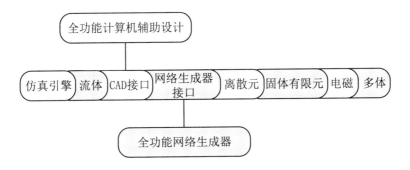

图4 数字孪生产品发展路径

其中,CFD是CAE中的一个重要分支,是近代流体力学、数值数学和计算科学结合的产物,主要应用于各种离散化的数学方法,对流体力学的各类问题进行数值实验、计算机模拟和分析,以解决空气等流体的各种实际问题。CFD替代传统的风洞实验、水洞实验,成为航空航天、舰艇、高铁等领域必备的软件工具,具有提高开发效率、降低开发成本、缩短开发周期三大特点,能够将现实世界中的物理现象抽象为计算机可以识别的力学模型。我们将连续的求解域切割成离散小空间的过程称为网格生成,而生成高质量的网格是优质计算的前提,可以将力学模型转化为计算机可求解计算的代数方程组,并求解代数方程组的数值,求解后得到计算域空间中所有节点上物理量值,最终将数值计算结果以图表的形式进行展示。

我们团队研发的OpenLab致力于实现中国数字孪生工业软件领域的突围,开发OpenLab的初衷是为了顺利进行核聚变仿真研究。我们知道,ITER计划是目前全球规模大、经费投入多、影响深远的国际科研合作项目之一,核聚变能源研究也是人类迄今为止面临的较为困难的科学技术挑战之一。核聚变能源研究计算量需求非常大,仿真是核聚变能源研究重要工具之一。我们团队研发的软件能够自洽模拟 $10^{12}\sim10^{13}$ 个带电粒子在燃烧等离子体中的运动和复杂非线性自组织物理过程，这也是世界最先进的核聚变仿真软件。

当代科学研究的显著特点之一是技术推动科学发展。在当前实际的研究工作中，我们发现前沿技术和科学研究之间存在着紧密的联系和强耦合效应。一方面，超级计算一直在支撑核聚变能源的科学研究；另一方面，核聚变能源的研究也一直在推动超级计算的发展。无论是在美国还是中国，对于超级计算机的更新换代，科学研究和技术创新都是重要推手。随着研究的深入，运算规模越来越大，TOP 500 最快的计算机发展速度已经赶不上科学研究对计算能力的需求。

美国能源部在发布顶点超级计算机（Summit）前建立了一个培育基金，该基金委在全美选出了 13 个在科学技术领域有重要影响力的高性能计算软件，并确保在 Summit 建成之后，现有软件能够将其进行充分利用，以产生实际价值。我们团队开发的软件是这 13 个高性能计算软件之一，值得一提的是，在 2018 年 Summit 发布时，该软件是 13 个软件中表现最好的。在 Summit 的测试现场，SPEC 希望我们开发的仿真软件能够加入他们的效率评估标准软件包。

超算中心是一项建设和运营成本非常高昂的技术工程，团队一直密切关注是否能够通过经济有效的方式来掌握该技术。目前，团队研发的软件在未做任何修改的情况下，实现了在英伟达桌面级显卡 GTX 1060 上可以达到 Summit 上顶级显卡三分之一的计算效率，但购置成本仅为后者的几十分之一，运营成本不及十分之一。OpenLab 作为核心软件，对整个硬件平台的适应能力非常强，不仅可以部署到高规格的超算中心和云计算中心，还可以通过区块链技术部署到更接地气的"民间计算中心",这一点使其极具竞争优势(图5)。

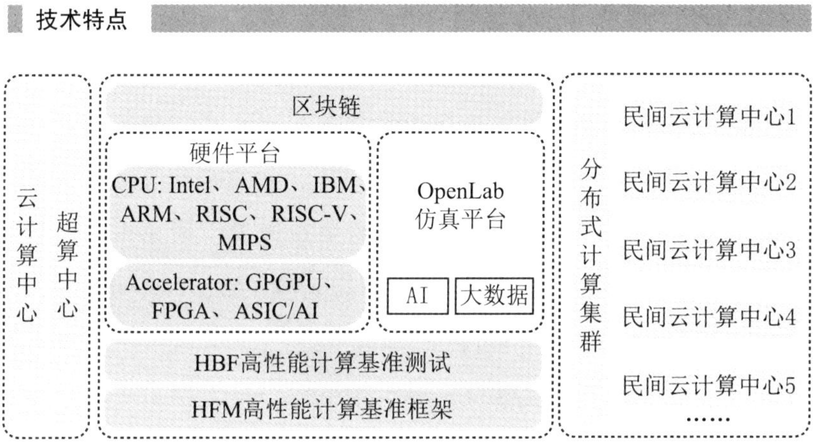

■ 技术特点

```
云计算中心 | 超算中心 | [区块链
                       硬件平台
                       CPU: Intel、AMD、IBM、ARM、RISC、RISC-V、MIPS
                       Accelerator: GPGPU、FPGA、ASIC/AI
                       OpenLab仿真平台  AI  大数据
                       HBF高性能计算基准测试
                       HFM高性能计算基准框架] | 分布式计算集群 | 民间云计算中心1
                                                              民间云计算中心2
                                                              民间云计算中心3
                                                              民间云计算中心4
                                                              民间云计算中心5
                                                              ……
```

图5 OpenLab仿真平台的技术特点

OpenLab仿真平台不仅可以广泛应用于传统的军工、航空航天、海洋、化工等多个领域,还在新兴的前沿领域具有更多优势。在传统的PLM系统中,比如达索、西门子、SAP等无法涉及的应用场景,OpenLab仿真平台可以提供解决方案。无论是在无桨航空发动机、无桨水下发动机,还是等离子体推动的航天发动机和等离子体隐身技术等方面,OpenLab相比其他国外软件在这些领域的表现也更加优异。

三、国产医学分子影像平台MiP

随着高性能计算技术应用范围的不断扩大和深化,高性能计算技术将成为推动许多领域发展的重要驱动力。在此,我向大家介绍下团队的另一项研究工作:国产医学分子影像平台MiP。

如今，健康问题备受关注，恶性肿瘤和癌症的筛查则变得尤为重要。在此领域，正电子发射断层显像/X射线计算机断层成像（PET/CT）技术是一项不可或缺的重要技术，也是十分常见的诊断手段。

国产医学分子影像平台MiP的技术亮点在于利用图形处理器（GPU）硬件加速技术，在英伟达GTX 1060桌面级显卡上，我们通过优化新算法实现了100倍以上的加速效果。相比市场上最新产品使用的英伟达高端工作站/服务器显卡Tesla Volta 100，价格是MiP所使用的GTX 1060的20倍以上。

这一突破具有重要意义，我们因此可以通过提升处理速度来节约成本、提高病人舒适度、缩短诊断时间以及简化诊断流程。此外，对于物理学领域的研究人员来说，时间和空间非常关键，MiP技术的巨大进步展示了另一种可能：当处理速度足够快时，将会产生新的应用和市场创新。

MiP的技术突破使得我们还可以通过PET/CT观测到循环系统和神经系统的即时反应。在此之前，以分钟和小时为单位尺度进行观察时，没有办法捕捉到时间量级在 0.1 s 左右的循环系统和神经系统的反应。这项新的神经系统、循环系统的诊断技术可以应用于新药研发、药物代谢过程的研究中。例如，研究吸烟引起的神经反应。在此领域中，斯坦福大学使用的PET/CT设备是先前最先进的技术，但仍需在吸烟3分钟后才能够看到结果。该时间远远慢于吸烟的响应时间，很难研制出更接近吸烟感受的替代品。MiP技术可以实现 0.1 s 级别的诊断速度，从而提供更全面和精准的数据。

MiP技术在研究神经系统和循环系统，以及各种新药物的研发方面开辟了新的应用窗口，其技术实力能够以竞争对手几十分之一的成本达到更好的效果，如果该技术能够成功落地推广开来，将会开创一个新的纪元（图6）。

MiP

分子影像（PET/CT）：先进的软硬件计算技术，优异的加速性能、医疗大数据、AI

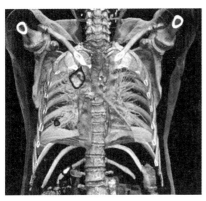
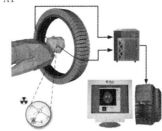

- PET/CT图像重建
- 单机核心算法加速100倍以上
- 医疗数据生命周期管理：医疗大数据和AI集合，开创分子影响技术新纪元

图6　医学分子影像平台MiP

先进计算和数据分析处理能力是未来科技和工业的核心竞争力。先进制造离不开尖端前沿技术，原创性的尖端前沿技术依赖于前沿科学研究。云端智造工业仿真技术依托于完全自主知识产权的高性能计算仿真平台，以高性能计算基础框架和高性能计算基准测试为基础，致力于高性能低功耗的仿真软件算法设计，并提供实现高端制造业各类高性能计算仿真需求的软件及服务。

科学仿真犹如人体血液循环系统，不仅对单一科学和技术发展提供支撑，强有力的科学仿真更是增强创新生态系统、加快成果转化、缩短研发周期、减少研发成本的重要保障。

张 兰
国家优秀青年科学基金获得者
中国科学技术大学教授、少年班学院院长助理

中国科学技术大学教授、少年班学院院长助理，国家优秀青年科学基金获得者，ACM中国合肥分会主席，ACM中国未来新星的发起人和主席之一，多个国际知名会议的程序委员会联合主席、出版主席、程序委员会委员。

主要从事跨域数据理解隐私保护和共享交易研究，主持多项国家重点研发计划课题、国家自然科学基金重点项目和面上项目等。在国际知名会议和期刊发表论文110余篇，其中CCF推荐A类会议/期刊论文50余篇。研究成果共申请中国发明专利60余项，其中已授权30余项。

曾获中国计算机学会（CCF）优秀博士学位论文奖、国际计算机学会（ACM）中国优秀博士论文奖、首届阿里巴巴达摩院青橙奖、2018全国高校云计算应用创新大赛唯一全国特等奖、2023全国大数据与计算智能挑战赛一等奖。

构建有质量、隐私保障的数据共享交易平台

一、以数据为关键要素的数字经济

从农业时代到第三次工业革命时代，土地、劳动、资本、技术、管理、知识依次成为了重要的生产要素。当前，我们身处数字时代，习近平总书记多次强调："要构建以数据为关键要素的数字经济"，首次将数据列为一种生产要素以构建相应的数字经济。2017年12月，习近平总书记提出："要制定数据资源确权、开放、流通、交易相关制度"，正式将数据交易提上日程。

从2014年到2022年，各地在数据交易方面先后做了很多探索。从2014年建立贵阳大数据交易所、北京大数据交易服务平台、中关村数海大数据交易平台开始，到2015年井喷式地涌现了大量的数据交易中心。2017年到2019年，突然进入了一个安静期，没有再新增数据交易机构，其主要原因是2016年底出台了《中华人民共和国国家网络安全法》，对数据交易中存在的数据隐私和数据产权等问题进行了规范。

直到2020年，中共中央、国务院出台《关于构建更加完善的要素市场化配置体制机制的意见》，引导培育大数据交易市场，依

法合规开展数据交易。这一政策的推行使得数据交易被重新提上日程。2020年3月31日,北京国际大数据交易所正式挂牌成立,这是我国首家基于"数据可用不可见,用途可控可计量"新型交易范式的数据交易所,标志着数据交易迈出了新的一步。随后国内掀起了设立交易中心、开展数据交易的热潮,全国新建各类数据交易机构80多家,省级以上政府提出推进建设数据交易中心(所)近30家。

2022年6月22日,习近平总书记主持召开中央全面深化改革委员会第二十六次会议,审议通过了《中共中央国务院关于构建数据基础制度更好发挥数据要素作用的意见》(以下简称"数据二十条")等文件。2022年12月19日,"数据二十条"正式对外公布,从数据产权、交易流通、收益分配、安全治理四个方面初步搭建我国数据基础制度体系提出的二十条政策举措。"数据二十条"为我国的数据交易提供了指导思想和基础原则,并指明了发展方向。

众所周知,数据的流通、共享和交易可以为数字治理、智能制造、自动驾驶、人工智能、精准教育等领域带来巨大的价值。此外,数据要素的资产化也值得进一步探讨,例如未来可能出现的数据银行,以及数据用作抵押融资和作价入股等。这是一个庞大的市场,具有广阔的前景(图1)。但是为什么在过去几年间大量数据交易中心都难以为继?即使到现在场内数据交易也仅仅占数据交易的百分之几。实际上,数据交易还面临着诸多问题没有解决,这些问题在阻碍着我们推进这一事业。

图 1　基于数据要素的治理和赋能

第一，缺乏相应的技术，导致数据在交易的过程中有很多本质问题尚未解决，如确权追溯、定价评估、隐私安全、线上线下监管等；第二，相关法律法规尚未完全健全；第三，相应的生态建设目前尚未完善。所以面对美好的前景，目前尚在探索落地途径。

二、数据共享交易的难点

我们团队多年来一直在探索数据共享交易过程中的核心技术问题。数据交易之所以困难，是因为数据相较于传统商品有很多特殊之处。数据是非独占资源，具有增长速度快、复制成本低等特点，其潜在价值未知，且隐私风险高，缺乏相应的质量标准规范。同时数据生产过程中主体多元、过程多变，其所有权难以确定，流通渠道也很难管控。这一系列问题导致数据作为一种特殊商品在进行交易时，必须首先解决技术问题。

此外，数据交易必须以规范监管为保障，以先进技术为支撑，以生态建设为目标，从监管侧、供给侧、平台侧、需求侧综合考量（图2）。

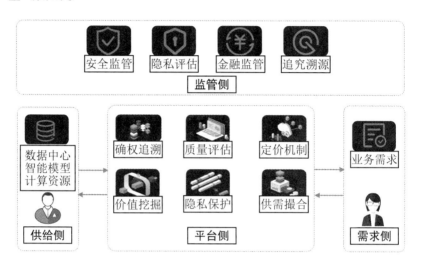

图2　数据共享交易的关键技术

三、数据共享交易的关键技术探索

我们团队聚焦了数据共享与交易中六个关键技术问题，包括数据确权追溯、价值挖掘、质量评估、隐私保护、定价机制和供需撮合。通过研究数据和模型指纹、数据血缘关系分析、模型网络、隐私计算等先进技术，打造了有质量和安全保障的数据共享与交易技术体系和原型系统。

1. 确权追溯

为保证各个参与方的合法利益并促进他们积极参与数据交易

过程，数据确权是数据交易的前提，必不可缺。数据确权是指明确数据在交易的全生命周期中其各种权利与权利主体的绑定关系，并为权利绑定关系提供可靠证明。

数据确权是当前世界性的难题，现有的技术确权路径主要采用可信的分布式存储介质，借助区块链实现数据权利登记、颁发数据证书，借助数据哈希、数据签名等技术实现数据资源持有权、加工使用权、产品经营权等权利的交易。不同于物权，由于数据的特殊性，现有技术依然面临诸多挑战。我们团队针对以下几个关键问题，进行了研究与探索：

针对数据易复制篡改的问题，我们研究了抗篡改的数据指纹技术，实现数据可靠标识。不同于传统商品，交易的数据具有电子化、易复制、易修改、易隐蔽等特点，使得数据交易中存在诸多欺诈行为，例如数据重复贩售、越权篡改等，为和谐的数据交易生态带来了巨大的威胁。结合数据内容指纹及设备指纹技术，可以实现抗篡改和抄袭的数据指纹。其中，内容指纹基于数据本身的特征，通过提取稳定且具有区分度的数据特征，可以防止数据内容篡改；设备指纹基于设备自身软/硬件特性，通过提取数据中的设备标识信息，可以建立多源、多维度的设备指纹刻画以防数据源修改。

针对AI模型产品缺乏保护的问题，我们设计了"一模一证，模证核验"技术，实现知识产权保护。在AI产业化进程中，深度学习模型被非法复制、重分发、滥用（即知识产权侵权）的情况屡见不鲜。为了保护模型的知识产权，提升用户的服务体验，可以将权属信息作为水印嵌入深度学习模型。用户拟使用模型前，必须提交相应的证书进行核验，核验通过方可合规使用，而一旦出现模型篡改或证书伪造的情况，深度学习模型性能将严重退化，甚至无法使用，从而做到模型与证书的配套使用。

针对数据规模巨大对确权带来的挑战，我们采取"链下高效检索，链上精准定位"的机制，实现对数据权证的高效查验和快速共识。目前数据交易的数据规模日趋庞大，如何高效快速检索并更新数据，是数据交易面临的严峻挑战。结合图结构、向量量化、局部敏感哈希等方法可以在链下构建高效索引，优化数据指纹存储结构，实现高效地对链上数据进行定位；在区块链上，采集和存储数据指纹、数据特征以及数据权属信息，并采用可搜索加密实现保护隐私的用户数据高效获取。此外，设计了基于区块链的权利树结构，实现对复杂权属变更的追溯，并基于更高效、公平的共识机制确保权属转移可信。

针对数据隐私和管控之间的矛盾，我们采用基于局部敏感哈希的隐私保护和基于可控密码理论的匿名管控，以及基于授权验证的访问控制技术，实现匿名可管控。为使权登记信息能够安全可追溯地存储到区块链中，尚存在诸多亟待解决的问题。为了满足交易和共享需求，平衡隐私和管控的关系，结合局部敏感哈希（LSH）方法构建数据指纹索引，解决信息全透明的问题；结合基于行为审计技术、陷门技术、可连接环签名与群签名等可控密码理论，构建基于特权节点的管控机制，结合智能合约实现区块链网络中节点数据与行为的自动管控，解决数据管控追溯缺乏的问题，并在保证数据隐私的前提下，对共享交易中的参与方进行用户身份验证和数据权利授予。

综上所述，如图3所示，在确权方面，我们需要解决上述核心问题。

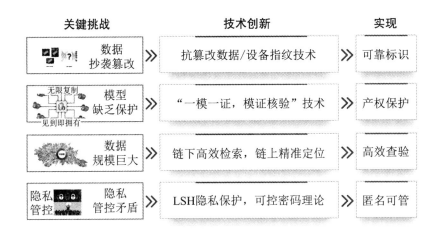

图 3 数据确权追溯的核心问题

我们团队基于以上技术研发了一套数据登记确权平台。其中抗篡改的多模态数据指纹和水印支持 20 多种数据篡改类型，实现对文本、表格、图片、音频、视频等不同模态数据的可靠标识和全生命周期追溯。视频指纹技术相比当前国际上最先进的方法检索性能提升 7.8%，所需存储空间缩小至 1/4638，检索时间减小至 1/3600。设计了大容量鲁棒的模型水印和模型可控授权技术，实现对机器学习模型的版权认证和保护，模型水印容量比现有方法提升 50 倍以上。提出了基于区块链的权利树结构和基于密码学的隐私保护管控技术，实现面向数据要素流通的链上数据精准追溯和高效安全定位，搜索效率相比经典方法实现了从线性复杂度到对数级复杂度的提升。

2. 价值挖掘

数据价值的挖掘对于数据共享和交易至关重要。一方面，在数据定价方面，仅依赖数据体量是不合理的，我们需要根据数据的价值进行定价。另一方面，挖掘出的数据价值（如适用于某项分析任务）也有助于共享和交易参与方的需求匹配。挖掘数据价值主要通过提取数据语义实现，使用训练后的深度神经网络模型在数据上进行推理，基于推理所得的语义结果量化数据价值。然而，这一过程中存在一个共同挑战，即如何低成本、高效率地进行大规模数据语义理解。

低成本、高效率地挖掘数据价值对于数据共享和交易平台具有重要意义。首先，低成本的数据语义理解能够减少资源开销，降低平台的运维成本。其次，高效率的数据语义理解能够提升数据产品定价上线效率以及供需双方需求匹配速度，优化平台服务体验。针对数据语义理解的成本效率优化，我们团队形成了一系列技术方案。

我们团队通过提取视频数据中的骨架信息并在骨架信息上实现基于规则的行为识别，能将面向视频数据中行为识别场景的存储和带宽开销降低为原来的1/50。在极低的带宽条件下，实现了对数据中各种行为的深入理解。这项工作获得了全国高校云计算应用创新大赛的特等奖。

对于单一机器学习模型无法满足的复杂语义分析需求，例如对于城市监控视频数据语义理解任务，我们需要开发车牌识别、车辆识别、流量识别、人脸识别和行为识别等一系列识别模型。然而，在使用这些模型处理所有数据后，我们发现存在大量计算资源的浪费。简单举例，在对建筑画面进行人脸识别或行为识别时，它不会输出任何有价值的信息。实验表明，超过70%的计算资源被浪费在了这种没有任何价值的分析上。因此，我们希望只执行这些有价值的支出，于是我们团队便提出了一项技术——多模型自适应调度。基于深度强化学习判断在每个数据上执行什么样的模型是有价值的，然后再根据资源限制对模型进行调度。实验表明，我们的模型调度技术能够在不损失任何有价值语义标签的前提下，节省超过50%的图形处理器运行时间。

数据共享和交易平台上存在多种模态的数据，包括图片、视频、音频、传感器信号等。我们发现，各种模态数据在推理过程中都存在一定的输入冗余，可以通过跳过无意义数据和重用已有分析结果两种机制提高推理效率。我们首次对输入过滤问题进行了形式化建模，并基于推理模型和输入过滤器的函数族复杂性对比，在理论层面上对推理任务的可过滤性进行了分析。我们设计了InFi框架，并实现了支持所有输入模态和多种部署模式的输入过滤器。在12个数据语义理解任务上进行的实验验证了理论分析结果，并表明InFi在适用性、准确性和资源效率方面均优于现有方法，相较于原始推理任务，InFi能够实现8.5倍的推理吞吐率并节省了95%的通信带宽，同时保持超过90%的推理精度。

从多种角度优化数据语义理解的成本效率的经验让我们意识到算法的力量：在算法中间，将那些浪费掉的资源节省后，可以极大地节省计算平台的开销，实现大规模数据的高效语义提取。

3. 质量评估

数据价值受数据质量影响，高质量数据能够带来更高的满意度，低质量的数据则可能导致巨大的经济损失和事故发生。为提高参与方的满意度和平台的声誉，平台和买方需要对交易产品进行质量评估，为数据打上质量标签，以筛选出不合格的交易产品和高质量的交易产品。

数据质量是一个多维度的概念，其中五个重要的维度得到了普遍认可，包括内在质量、表述质量、上下文质量、可访问性和可信赖性。面对数据交易市场上体量庞大、类型多样的数据，我们还针对一系列数据质量评估的挑战问题进行了研发。

针对大规模数据质量评估效率低下和面向特定任务的数据质量难以衡量问题，我们研究了任务导向型的高效数据质量评估。对于不同的数据类型和不同的应用场景，数据质量的评估指标各不相同。我们提出了一个面向特定任务的针对大规模数据集的具有高效、可解释性的质量评估系统，该系统可以为一特定学习任务(如图片数据分类任务、文本数据的情感分析任务等)挑选多个高质量数据集，用以高效地完成该任务。具体来说，对于多个数据集，质量评估者依次对它们进行内在质量评估，基于内容的特征提取，进行上下文质量评估。对于内在质量评估，主要使用基于函数依赖关系确定关系型数据的完整性、一致性等，基于深度神经网络模型评估非结构化数据的清晰度、压缩程度等。对于内容的特征提取，主要使用卷积神经网络或来自变换器的双向编码器表征量（BERT）提取数据的高层特征表达。对于上下文质量评估，主要使用任务相关性、内容多样性等指标来刻画，并利用LSH的采样方法提升评估的效率。

出于对数据隐私的保护，联邦学习（federated learning）已经成为当前数据共享交易的主流技术。但是在联邦学习场景下，数据不可见且计算在流动，因此实施数据质量评估更加困难。对此，我们研究了高效保护隐私的数据质量评估方法，实现"数据不可见，质量可见"。在联邦学习过程中，用户本地的数据质量影响着全局模型的性能，大量的错误数据（如通过众包或网络爬取搜集到的错误标签数据）将严重阻碍全局模型取得良好的效果。为此，我们提出了一种高效的基于影响函数的数据质量评估系统，该系统用于评估训练数据对模型的影响值，例如错误数据对模型起到负面影响，并以较小的代价来修正错误，从而提升联邦学习系统的性能。该系统在理论分析的基础上设计了一个基于层次化影响分析的负影响用户和错误数据检测以及模型性能提升方法，在真实和模拟的大型联邦学习场景中，错误数据能被精确地检测出来，同时模型性能得到了很大的提升（图4）。

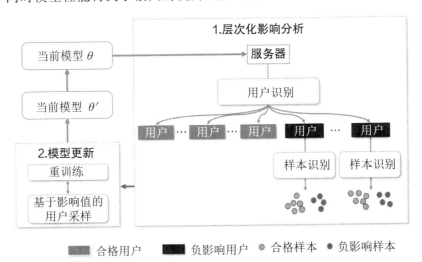

图4　联邦学习场景的数据质量评估系统图

此外，我们还提出了面向联邦学习场景的高质量数据选择技术。如图5所示，当联邦学习任务到达时，服务器利用隐私保护求交技术过滤出和该任务相关的用户和数据，再以点阵行列式的方法基于同质性和多样性两个指标，实现保护隐私的高质量用户和数据选择。特别地，针对纵向联邦场景，我们设计了有隐私保护的高质量特征选择方法。在纵向联邦场景中，冗余和噪音特征会导致模型精度下降和模型复杂度提高。在模型训练前，我们使用Gini不纯度初始化特征重要性，从而降低训练过程中特征选择的开销；在模型训练中，我们使用双随机门不断挑选重要样本，筛除噪音样本，从而得到高性能的纵向联邦模型。

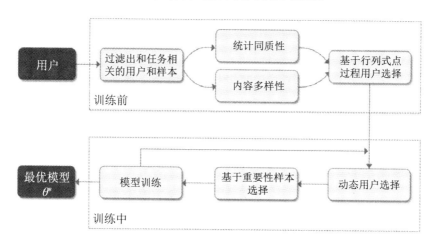

图5 面向联邦学习场景的高质量数据选择系统图

4. 隐私保护

"数据二十条"中明确指出数据要素的使用必须统筹发展和安全，划定监管底线和红线，实现数据流通全过程动态管理，在合规流通使用中激活数据价值。在此背景下，隐私计算作为能够在保障数据隐私安全的前提下，达到数据可用不可见效果的新型技术，能打破数据孤岛困局，是解决数据安全流通问题的最佳技术。

我们团队专注保障数据安全流通，致力于解决数据流通时的隐私保护和数据安全。根据数据要素的不同安全使用方式，我们研究了基于联邦学习的数据联合建模、基于安全多方计算的数据联合查询，以及多模态数据智能脱敏。

联邦学习是一种打破数据孤岛、释放AI应用潜能的分布式机器学习技术，能够让各参与方在不共享或交换原始数据和底层数据的前提下，通过交换加密（或混淆）的机器学习中间结果实现多方联合建模。在保护用户隐私、保障数据安全、符合法律法规的基础上,从技术角度连接数据孤岛,实现跨地域、跨机构、跨领域的AI协作和数据价值释放。我们实现了无需可信第三方的多方联邦学习,支持面向各类场景的丰富的横向和纵向联邦学习模型,并提出了一系列优化、攻击、防御机制,显著提升了联邦学习的性能和安全性。如图6所示,我们构建了一整套从数据质量到贡献评估与高效训练推理,再到隐私保护和攻击检测的完整联邦学习系统。

图6 本团队联邦学习研究成果架构

安全多方计算是一种由密码学保障的数据协同计算技术,可以在无可信第三方、原始数据加密的条件下,多个参与方协同安全地完成约定函数计算,使得各方获得最终正确的运算结果,并且除计算结果以外,各参与方无法通过计算过程中交互的数据推断出其他参与方的原始数据。我们团队实现了一系列高效、安全多方计算基础算子,并自研了结构化查询语言(SQL)编译器,将SQL语言翻译为安全多方计算算子的优化组合,实现了在保障数据隐私安全前提下的多方数据高效联合查询,支持各类复杂

SQL 安全查询分析。我们的方法显著降低了不同 SQL 算子的不经意算法的渐进复杂度，通信和计算开销降低至现有工作的 1/25。

数据脱敏主要针对敏感数据共享交换的场景，我们团队提供了基于丰富的隐私规则对敏感数据进行精准识别的方案，并采用丰富的效用无损脱敏算法对敏感数据进行去隐私化处理，达到数据分享不含敏感信息的目的，真正起到杜绝敏感数据泄露且不影响应用的效果。

如图 7 所示，这是我们在自动驾驶情景中做的车牌脱敏示例，左边车辆的车牌经过 AI 算法可自动替换后变成右边的画面。尽管看起来像是正常的照片或者视频画面，但是车牌已经被替换成了一个毫无意义的、不对应任何一辆真实车的车牌。因此，这样脱敏后的自动驾驶视频可以用于自动驾驶场景的数据搜集和 AI 模型训练，同时不会泄露车主的隐私信息。此外，我们还可以对人脸、身份证、二维码等敏感信息进行自动替换。

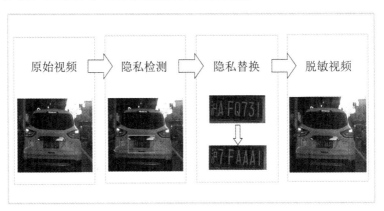

图 7　自动驾驶数据脱敏——车牌脱敏

5. 定价机制

为完成数据的交易，还需要提供数据估值和定价的机制，保障交易的公平性，维护市场稳定。数据产品与传统商品的价值评估存在巨大差异，需要全面考虑数据的基础价格、交易的数据权利、交易方式以及数据的市场稀缺性等因素。

数据的基础价格受数据成本、数据类型、数据质量、数据规模的影响，需要对数据成本进行核算，并结合数据质量评估结果给出数据的基础价格。由于数据生产涉及数据采集、清洗、脱敏、标注等各个环节，数据生产成本依赖于设备成本、人工成本等诸多动态因素，需要综合考虑这些因素对数据的生产成本进行统计。

同时，数据产品交易的权利和方式也影响着数据价格。数据的权利包括持有权、加工使用权和运营收益权，不同权利的交易价格和收费机制也各不相同。卖家销售产品时有不同的数据交易方式。例如，卖家可以直接提供完整数据包供买家下载，或提供应用程序编程接口（API）供买家查询后有针对性地下载，或通过数据流订阅方式传输数据。

此外，数据产品的价格除了产品本身的属性外，与当前市场的稀缺性有很大关系，主要考虑三个方面：① 行业数据供需情况：数据产品较多、交易市场具有更强活力的行业往往存在多个产品供方的竞争，当前稀缺数据在短期内也会出现较多同质产品补充；② 产品独特性：市场上不存在相似产品的产品价格较高；③ 买方需求程度：在考虑产品的独特性的同时，还要考虑买方是否需要该类产品。在给出数据交易产品的市场参考价的同时，卖方往往还会基于市场同类数据产品历史销售状况和当前市场供需关系，给出不同的数据销售方案，如单品交易、组合产品交易、团购策略等，并形成对应方案的定价策略。表1给出了一些常见的交易形式和相应的定价机制。

表1 常见的交易形式和定价机制

交易形式	定价机制
数据集成品交易	固定价格、动态定价、拍卖定价、团购定价
数据流预订交易	固定价格、动态定价、团购定价
面向需求的组合交易	固定价格、动态定价、协商定价、捆绑定价
面向订制的数据交易	协商定价
AI模型算法产品交易	固定价格、动态定价、协商定价
联邦学习交易	按贡献定价
数据分析报告交易	固定价格、协商定价

针对数据的定价问题，我们还深入研究了高效公平的参与方贡献评估机制和定价激励机制，提出了首个同时适用于横向和纵向联邦学习的无需额外开销的贡献评估方法，以及兼顾聚合公平和奖励公平的非货币激励机制，设计了价值时间敏感的数据在线定价机制，设计了基于众包的保护隐私数据交易机制。以上成果在多种数据共享和交易场景中实现了公平的贡献评估和定价。

6. 供需撮合

由于数据交易与其他商品交易有所不同，我们在购买数据时往往无法明确自己需要什么样的数据，难以准确描述需求，因此，当前数据交易存在"需方找不到，供方卖不好"的供需匹配和需求发现的困境，导致需方搜索成本高、需求满足率低、数据要素流通性差等问题。当前的数据交易市场十分需要自动的数据交易撮合机制。对此需要探索交易需求表达、交易产品理解、供需自动匹配以及潜在需求挖掘的相关技术。

解决数据供需匹配问题，应明确需方如何表达其对于交易产品的需求。不同于传统商品的交易，其使用目的通常是明确且固定的，完全相同的数据产品可能有着截然不同的应用场景。例如，人物动作视频数据可用于智能机器人、姿态检测模型、异常行为预警等场景。这一特点导致数据需方难以仅按传统的在线购物方法，即关键字词搜索，表达其对数据的需求。针对需求表达不明的问题，需要为非专业用户提供友好的、支持多维度需求的需求表达模式。需方对数据交易产品的需求可以以关键字词和需求模板的形式提交给数据交易平台，即以结构化表格和非结构化自然语言相结合的形式对需求进行表达。关键字词和需求模板覆盖多个不同维度，包括产品元信息（如数据体量）、产品功能信息（如模型精度和开销）、产品质量信息（如数据内容准确度）、价格预算等。基于自然语言处理技术，利用人工智能模型将人所能理解的数据交易需方表达的自然语言需求转化为机器能够理解的特征化表达，为后续同供方数据产品自动匹配提供可靠的依据。

数据供需匹配是需求和数据产品共同参与的过程，因此除了对需方需求进行分析理解外，还需要支持智能的数据产品全域语义理解。数据产品可能包含多种模态，如音频、视频、文本、表格等。基于原始的数据形式是无法与表达的需求相关联的，需要对数据的语义进行分析理解。例如，模型检测到视频中包含车辆，则其可能与"自动驾驶""智慧交通"等需求有关。我们基于多模态深度学习技术自动对数据产品进行全面的、多角度的语义分析。例如，对于一个图片数据集，其数据量大小、画面内容、图像质量、应用范围等属于其语义；对于一个分析模型，其训练资源开销、基准测试分数、泛化性能等属于其语义。通过在全域知识数据上训练多模态深度学习模型，可抽取结构化和非结构化数据的全域语义，为后续同需求自动匹配提供支持。

对于单一数据产品可满足的需方需求，可以使用基于语义理解的多维度匹配方案，根据需方对不同维度需求的重要性调整供需匹配结果的排序，以区别需方对于不同维度的关注程度。对于需方的复杂需求，单一数据产品可能无法满足，需要将多个数据产品组合提供给交易需方。例如，需方需要包含多行业的操作规范数据，数据交易市场中任一独立供方的数据产品都无法满足该需求，则需要对多个行业供方的数据进行组合。需要使用多目标组合方案，建模为多目标优化模型，基于组合优化算法，实现理论上近似最优的组合数据产品。

针对需方需求不明确的情况，还需要支持潜在需求挖掘和数据产品推荐。挖掘潜在数据需求，目的是提高数据产品流通性，充分利用数据产品资源赋能需方业务场景。可以基于主体画像、主体关联和历史行为分析技术，结合推荐算法，实现用户定制化的数据产品推荐。

周 熠
中国科学技术大学教授、
知识计算实验室主任

中国科学技术大学教授、知识计算实验室主任，曾任张江实验室研究员，新西兰梅西大学教授，曾获上海高层次人才计划。长期担任人工智能顶级会议程序设计委员会委员，包括国际人工智能联合会议（IJCAI）、国际先进人工智能协会（AAAI）人工智能会议、知识表示与推理原理国际会议（KR）等。

主要研究方向为人工智能，包括认知智能、类脑智能、认知与类脑智能结合以及认知智能与类脑智能在运维、资源管理、教育、工业、医疗等领域的应用。在人工智能国际核心期刊和会议上发表论文60余篇，其中，包括在顶级期刊 *Artificial Intelligence* 上发表的6篇长文。原创提出新的知识模型——知识方程，是一阶回答集程序设计的奠基人及主要推动人之一，提出了首个刻画遗忘的公理系统，获得首届"美国高考数学问题自动答题竞赛"冠军等。

从ChatGPT到通用的强人工智能

一、人工智能一甲子——无尽的追寻

人类已经经历了三次工业革命,每一次工业革命不仅令人类文明实现新的飞跃,也对世界格局产生了深远影响。2023年将是人类历史上一个特别重要的年份,因为第四次工业革命(即智能革命)真的来了。

人工智能虽然诞生才短短60多年,但其发展历史是一个跌宕起伏的过程(图1)。

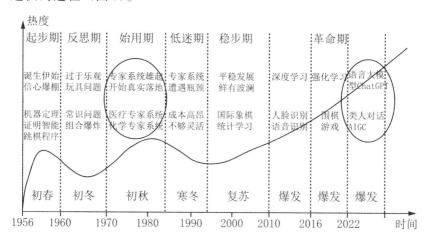

图1 AI历史简要

诞生伊始，探索遍地开花，可喜的进展发生在几乎所有人工智能子领域：自动定理证明、下棋、机器翻译、模式识别、搜索与通用问题求解、规划、自然语言处理和机器翻译、知识表示与推理、计算机视觉、机器人等。科学家们激动不已，信心满满——1958年，西蒙（H. Simon）和纽威尔（A. Newell）预测10年之内机器能够打败国际象棋冠军；1965年，西蒙声称20年内机器能够做任何人类能做的事情；1967年，明斯基（M. Minsky）也附和了这个观点，认为人工智能的进步也只是一代人的事情，甚至在1970年还把这个时间缩短到了3~8年。

很快，困难就开始降临，人工智能开始了第一个寒冬。彼时，大家普遍认为，人工智能只能处理"玩具问题"。除了计算能力的不足以及数据的欠缺等问题之外，人工智能在基础理论上也遇到了重要的挑战。其中之一是明斯基对基于神经网络的连接流派的批评，如双层神经网络不能表达异或函数（XOR）[①]，这直接导致连接流派在很长一段时间内一蹶不振。符号流派也遇到很大困难，包括计算复杂性和组合爆炸问题、常识知识问题和框架问题等。

即使是在冬天，人工智能也并非裹足不前。在这段时期，人工智能在逻辑程序设计、知识表示与推理上取得了一些进展。虽然以神经网络为代表的连接流派遭遇了第一次黑暗时代，但仍有一部分科学家在坚守阵地。在部分科学家的坚持下，人工智能终于熬过了第一个冬天，迎来了春天。这主要得益于符号流派中的

---

① Minsky M, Papert S. Perceptrons: An Introduction to Computational Geometry[M]. Cambridge, MA: MIT Press, 1969.

专家系统[1]和逻辑程序语言 Prolog（"programming in logic"的缩写）[2]。

专家系统期望用机器来表示某特定领域的专家知识，然后通过机器自动推理来模拟专家在该领域中的作用。专家系统早期的工作可追溯到费根鲍姆（E. A. Feigenbaum）及其学生所做的 DENDRAL 系统（图2）。该系统试图帮助化学领域进行结构分析，其输入为质谱仪的数据，输出为物质的化学结构。在此之后，另一个有代表性的专家系统是 MYCIN[3]，用来诊断传染性血液疾病。这段时期，知识工程和基于知识的系统成为了人工智能的主流。就连与领域专家知识相对应的常识知识也开始了新一轮的尝试，其中包括莱纳特所领导的 Cyc 项目[4]。

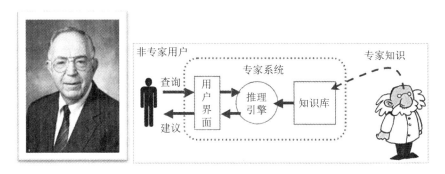

图 2　费根鲍姆与专家系统

---

[1] Robert K, Lindsay, Bruce G, et al. Applications of Artificial Intelligence for Organic Chemistry: The Dendral Project[M]. New York: McGraw-Hill Book Co., 1980.

[2] Robert A, Kowalski, Kuehner D. Linear Resolution with Selection Function[J]. Artificial Intelligence, 1971, 2(3/4): 227-260.

[3] Bruce G, Buchanan, Edward H, et al. Rule-Based Expert Systems: The MYCIN Experiments of the Stanford Heuristic Programming Project[M]. MA: Addison-Wesley, 1984.

[4] Douglas B, Lenat, Guha R V, et al. Cyc: Toward Programs with Common Sense[J]. Communications of the ACM, 1990, 8: 30-49.

这些成功导致了资金再次回流。日本曾雄心勃勃地提出"五代机计划"。五代机以科瓦尔斯基（R. Kowalski）等人所提出的Prolog逻辑程序语言为核心，期望能将人类的知识都表示成规则，然后通过这些规则的自动推理来解决问题，最后通过自然语言等和人类直接交流。

然而，历史再度重演。专家系统和五代机遇到了与之前的人工智能技术一样的问题：取得一定的进展相对容易，但深入下去则越来越困难。人工智能不可避免地又遇到了第二个冬天。人工智能公司纷纷倒闭；各国雄心勃勃的人工智能大计划纷纷搁置……

此后，人工智能进入一段相对平稳的时期。人们逐渐更加深入地认识了人工智能的特性。其中，很重要的一点是：最初的终极目标，即达到人类水准的人工智能，事实上是一件非常困难的事情。虽然人工智能在商业和应用上并没有取得想象中的巨大成功，但也绝非毫无用处。很多人工智能技术，如搜索、专家系统、语音和图像方面的模式识别取得了相当大的成功。

这段时期，人工智能应用领域也取得了一些里程碑式的突破。例如，IBM公司开发的深蓝（Deep Blue）计算机于1997年战胜了国际象棋人类世界冠军卡斯帕罗夫[1]。西蒙和纽威尔的预言终于在迟到30年之后实现了。此外，由美国国防部高级研究计划局（DARPA）主导的自动驾驶项目也取得了一定的进展，一个来自斯坦福大学的团队于2005年完成了131英里[2]的路程。2011年，IBM推出了沃森（IBM Watson），在智力问答比赛"危险边缘"

---

[1] Hsu F, Campbell M. Proceedings of the 9th International Conference on Supercomputing: Deep Blue System Overview[C]. ACM, 1995: 240-244.

[2] 1英里＝1.609千米。

（Jeopardy）中战胜了人类冠军[1]。

在沉寂了相当长的一段时间后，人工智能终于又开始爆发。这主要归功于深度学习，一种基于连接流派的神经网络技术。简而言之，与之前的浅层（如三层）全连接神经网络相比，深度学习最重要的特点就是使用层数较深的非全连接神经网络结构，如深度卷积网络、长短程记忆网络、自注意力机制等。从严格意义上来说，深度学习的基础理论在多年前已经逐步成型，可以追溯到20世纪80年代和90年代。深度学习之所以有如此大的影响力，主要是其在应用层面全面开花[2]。而其成功的关键，除了有更好的网络结构和更强的计算能力之外，还必须归功于大量的（标注好的）数据的出现。当前的人工智能技术在很多任务上，包括人脸识别、语音识别、字符识别等标准数据集，都取得了比人类还要好的效果；在机器翻译、问答和某些医疗诊断等领域也交出了令人相对满意的答卷。

深度学习技术为人工智能带来了新的革命，其中包括我们熟悉的AlphaGo、ChatGPT等。如今，人工智能已经进入能够真正大规模落地应用的阶段。

二、ChatGPT真正吹响了智能革命的号角

ChatGPT是OpenAI公司推出的一个AI聊天机器人程序，也是一个能够通过人工智能自动生成内容的工具。实际上，ChatGPT

---

[1] Ferrucci D, Levas A, Bagchi S, et al. Watson: Beyond Jeopardy![J]. Artificial Intelligence, 2013, 199: 93-105.

[2] Krizhevsky A, Sutskever I, Hinton G E. ImageNet Classification with Deep Convolutional Neural Networks[J]. NIPS, 2012: 1106-1114.

具备出色的多功能性，作为一个对话系统，能够应对各种各样的任务，无论是畅聊多个话题、解答数学问题、提供礼品选择建议，还是制定行程规划等。因此，从某种意义上来说，具备了广泛的应用潜力和灵活性，它可以说是一个通用人工智能（AGI）程序。

ChatGPT是有史以来用户增长速度最快的应用，仅两个月的时间便达到了月活跃用户过亿的规模。ChatGPT的重要意义也获得了诸如比尔·盖茨（Bill Gates）、埃隆·马斯克（Elon Musk）等知名人士的高度评价。

从技术上看，ChatGPT基于大语言模型（LLM）GPT系列。大语言模型并不是最近才出现的，它的进化历程有迹可循。包括变换器（transformer）、预训练（pre-training）、指令工程（prompt engineering）、基于人类反馈的强化学习（RLHF）等技术，在大模型发展中起到了关键作用。多年前，人们就认识到大模型的巨大潜力，而实际上，其发展速度比人们预想的还要快许多。

大模型的发展出现了几个重要现象。首先，ChatGPT的进化显著。从GPT-1到后续的版本，每一代都是一个飞跃，尤其是ChatGPT与GPT-4，效果让人特别惊艳，甚至被认为出现了智能涌现现象。虽然关于涌现还存在一定争议，但是至少有一点可以确定，即当大模型的参数量和数据量足够大时，其能力比先前的中小模型要强大得多。

其次，大模型的参数量呈指数增长，同时数据量不断增加。尽管GPT-4的具体参数量和数据量尚未公布，但根据初步估计，其可能是GPT-3的3~4倍，甚至更多。与摩尔定律相比，摩尔定律预测了CPU性能每两年翻一番的增长，而大模型的参数量则需要每3~4个月翻一番,远超摩尔定律的增幅(图3)。

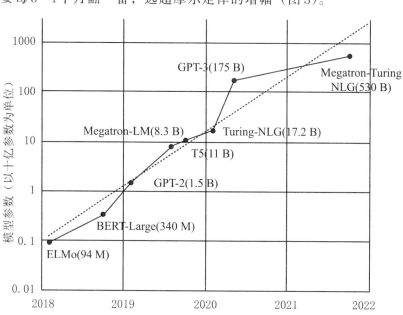

图3 大模型参数量呈指数增长

ChatGPT在某种意义上具备一定的常识知识(commonsense knowledge),GPT-3.5的计算能力大致相当于9岁小孩的水平,并且这项能力还在迅速提升。这点对于学术界来说至关重要。过去,常识知识对于人工智能研究者来说是一个巨大的挑战,但大模型解决了这个问题。此外,以前的模型很难回答一些恶意问题,但现在的ChatGPT通过强化学习的方法可以给出非常好的回答。

尽管在某些方面(如逻辑和语义理解等)的评测表明,ChatGPT并非在所有领域都比现有的最佳模型更强大,但现有的最佳模型可能是针对特定任务而设计的,而ChatGPT是一个通用模型。

ChatGPT的最新版本——GPT-4已于2023年3月14日推出,

并且在很多人类的测试上达到了非常惊人的水准。例如，在 GRE、托福等考试中，GPT-4相较于GPT-3.5表现出更强的能力。由此可见，GPT-4相比于GPT-3.5在推理能力和语义理解能力方面取得了显著提升。

大模型的诞生基本代表了2023年将成为通用人工智能的元年，智能时代真正地到来了。

三、大模型的应用落地之路

人工智能是一门应用科学。强大的ChatGPT与大模型问世后，很快就在应用层面受到了极大的关注。ChatGPT于2022年底发布。而仅仅过去了半年时间，在国内就涌现了一百多个大模型。目前，大模型的应用主要有以下几大类：

（1）自动内容生成及相关。大模型本身就适合做生成任务。而且，给定任何输入，大模型可以生成无穷无尽的候选输出。这些输出可以经过人类筛选或加工，完成既定的任务。因此，内容生成是大模型的最大的应用方向。例如，Midjourney（AI绘画工具）可以生成图片、妙鸭相机可以生成写真、ChatGPT可以生成文字底稿等。大模型虽然不能确保每个生成的内容都满足要求，但是用户可以在生成的内容上做筛选和二次加工，极大提升了创作的效率。与之相关的一些行业，例如，平面模特、文案等工作都将会受到一定的冲击。更令人惊讶的是，大模型的代码生成能力也具有相当的水准。虽然暂时还不能完全替代程序员的工作，但是在很多场景中可以使效率大幅度提高。

（2）基于大模型的辅助工具。广义上讲，内容生成也是辅助工具的一种，但大模型的辅助可以应用在更广的方面。微软公司基于大模型推出的 Copilot 就是一个典型。除了内容生成，大模型在很多方面有辅助功能，如辅助建模。在很多应用领域所碰到的问题，往往并不是这个问题的数学或计算模型有多复杂，而是将其建模成一个数学或计算问题很难，或者成本太高。而大模型可以帮助解决这一点，比如，在数据库领域或可交互式生成并修订关系数据模型等。除此之外，大模型也可以用来辅助文稿摘要、辅助头脑风暴、辅助合规性审查等。

（3）个人智能交互。信息技术英文全称为"information and communication technology"。其中，"communication"扮演着至关重要的角色。"communication"一词的含义不仅仅是在硬件上的"通信"，如 5G、6G 等，更重要的是在软件甚至在智能层面的"交流"或"交互"。广义上说，Google、Wikipedia 搜索引擎的本质在于让人更好地获取（网页）信息，而这仅仅是单方面的交互；腾讯 QQ、Facebook、微信的本质在于让人通过程序和人更好地交互；Amazon、淘宝购物平台的本质在于让人更好地获取商品信息，主要也是单方面的。抖音的本质在于让人更好地和短视频信息交互，而且是双方面的（通过推荐系统）。因此，任何真正能促进交互的技术和产品都能产生巨大的价值。这种交互不仅包括"人-人"（通过机器）交互，也包括"人-机"交互，甚至包括"机-机"交互。而人工智能，包括大模型，有望在这方面取得颠覆性的突破。目前的个人智能交互主要有两个方面：个人智能助理，比如 ACT-1 大模型；个人（情感）交流，比如 character.AI 人工智能聊天应用。而将来则会有更多可能。

然而，目前大模型的应用之路并不如想象得那么顺利。根本原因在于，虽然大模型的功能很强大，但是仍然存在一些关键缺陷。

第一，大模型有时会犯事实性错误，即可靠性问题（也被俗称为"幻觉"问题）。例如，它会弄错诗词作者。从原理上看，大模型的答案选择基于概率，所以很难保证百分之百正确。目前许多领域的大模型在这一方面还存在一些问题，这是大模型重要的挑战之一。

第二，大模型的数学和逻辑推理能力仍需加强。虽然在某些考试中表现优异，但面对一些有趣的逻辑推理问题时，大模型的回答与随机答案相差无几。因为在深度推理时，虽然大模型每步的预测准确率可能高达95%，然而，当推理需要进行多达20步时，最终的准确率将会是0.95^{20}，这是一个无法令人满意的结果。

第三，大模型的形式语义理解能力有待提升。虽然大模型在一定程度上能够实现语义理解，但要想真正从意义和形式上深度理解语言背后的意义，还有很大的改进空间。

第四，大模型作为一个黑盒模型，存在一些通用弱点。例如，其可解释性、可调试的能力较弱等。

四、通用强人工智能——两条路径

大模型开启了智能时代，这意味着通用人工智能真正步入实际应用阶段。但是，正如前文所说，它还存在诸多挑战，离通用"强"人工智能尚有很大的距离。对于这个距离，至少有两条不同的路径值得深入探索。

毫无疑问，第一条路径是继续沿着大模型现有的发展路线。

人工智能自正式诞生至今仅有60多年的历史，而ChatGPT真正开始完善至今也仅有5年。如果给大模型下一个5年、50年、500年，它会取得怎样的进步，这是一个很值得人思考的问题。

沿着现有的技术路线，大模型的发展主要有以下三个方面：

（1）更多的参数。参数量的增加，会让大模型的能力提升。然而，这面临着两个挑战。其一，摩尔定律的增长速度追不上大模型参数量的增长速度。摩尔定律表明，计算能力每两年翻一番，而大模型的参数量却在3~4个月内翻倍，我们很快会发现计算能力跟不上需求的情况。其二，从效果的角度，尽管参数量呈指数增长，但其效果只呈线性增长。因此，虽然大模型肯定会继续增加参数量，但边际效应会相当明显。

（2）更多的数据。（优质）训练数据的增加会让大模型的能力提升。然而，现有数据即将达到瓶颈。ChatGPT-4已经利用大部分我们能够获取到的高质量文本数据进行了训练。或许，前文提到的让大模型和大模型互相博弈，产生新的数据，是一个不错的手段。

（3）更好的提示词和思维链（chain of thought，CoT）策略。这也是现在大模型研究的一个热点。提示词和思维链是指在向大模型提问时，需要有技巧地提问。对于人类来说，看起来意思相近的问题，大型模型可能会给出不同的答案。因此，当下有很多研究集中在自动提示词、自动思维链，或者采用连续向量而非离散的提示词与思维链方案等。

然而，沿着这条路走也将面临很多挑战。现有的大模型技术，究其本质，在于用深度神经网络以概率的方式正确预测下一个单词（next token prediction）。这个预测虽然惊人得准确，但在原理上无法达到100%。因此,大模型会出现前文提到的幻觉、逻辑推理等问题。特别是对于确定性长链条的推理,每次的预测误差经过累积,也会使效果大打折扣。要在大模型体系内解决这些问题,需要新的颠覆性的技术,用来处理结构化信息、陈述性事实、长链条推理、深度语义理解等。

另外一条通往通用强人工智能的路径则有很大不同。我们知道,人类拥有两套推理系统,分别是系统一和系统二。系统一是一种底层、快速、下意识、不加思考便可即刻得到结论的推理方式,就像在家里面闭着眼睛也能够找到洗手间的位置一样;而当我们面对陌生环境,想要找洗手间时,则需要依赖系统二进行慎思,作出相对较慢、能耗较高,但是相对更精确的推理。

大模型更多地涉及系统一层面的推理。当然,大模型或也有系统二推理的能力,但一方面,目前效果并不佳,另一方面,其原理还是通过概率预测,而并非通过显式的符号、逻辑或语义。

因此,我们自然而然想到是否可以将系统一和系统二相结合。事实上,这个问题的答案已经蕴藏在前文论述的人工智能发展史之中。前文提到,前一波人工智能的浪潮由专家系统驱动。专家系统便是一种类似于人类系统二的模型。以符号的方式把专家的知识输入机器,然后通过自动推理,使得机器能够像专家一样自动回答问题。专家系统与大模型各有所长。前者在精确性、可解释性、逻辑推理能力、语义理解能力等方面有优势,而后者在通用性、泛化性、不确定性知识学习能力等方面有优势。更重要的是,前者的优势正好是后者的劣势,反之亦然。

因此,专家系统与大模型有机结合,正好可以取长补短,是通往通用强人工智能的一条更好的路径。

然而,其中一个大的疑问是专家系统的能力。虽然专家系统在40年前掀起过人工智能的一波浪潮,但是后来并未获得巨大的成功,其技术也存在着泛化性,在知识获取、符号具象化等方面有诸多问题。专家系统能否担当重任?

这一问题的答案同样可以从深度学习中借鉴。事实上,人工神经网络在人工智能诞生伊始就已经存在,并且被认为是一项极为关键的技术。饶是如此,在短短60多年的发展中,神经网络经历过两次灭顶之灾。第一次是马文·明斯基(Marvin Minsky)等对双层神经网络无法处理异或函数的批判。第二次是统计学习模型如SVM等的崛起。然而,随着更强大的算力、更多的数据,以及更重要的将浅层神经网络进化到深层神经网络的算法的出现,神经网络展现出强大的威力。深度学习、强化学习、大(语言)模型等颠覆性技术将人工智能真正发展到大规模应用落地,乃至引发第四次工业革命的阶段。

所以,专家系统也将如此。一方面,其本身需要有颠覆性的技术来革命。另一方面,其也将同深度学习一起,进一步掀起第四次工业革命的新高潮。

五、未来智能信息系统——"1本体3库2引擎"

中国科学技术大学知识计算实验室提出了新的知识模型——"知识方程"(knowledge equations)以及建立在知识方程基础上的新型专家系统,并与深度学习深入结合。

简而言之,知识方程分为建模和知识两个层面。在建模层面，知识方程将领域对象统一抽象成为个体、概念、算子三类语法元素，它们之间可以相互作用和相互耦合。在知识层面，知识方程将所有知识统一表示成为形如"$a=b$"的等式形式，其中，a 和 b 是具有结构的(复合)个体。例如，"$2+3=5$"是一条数据知识；"Father（Alice）=Bob"是一条家庭关系领域知识，表示 Alice 的父亲是 Bob；"subset（mammal，animal）=true"是一条生物学领域知识，表示哺乳动物是动物的一种。在基本的知识等式基础上，知识方程定义了一些语法糖（syntax sugar），用以简要表达更为复杂的知识。例如，否定词"$\neg(a=b)$"借用集合论可以定义为"$\{a\}\cap\{b\}=\emptyset$"，而后者是一个复合知识等式的形式。知识方程通过这种形式，可以定义命题逻辑各种连接词以及一阶逻辑的量词，乃至更复杂和高阶的知识元素，如时间、概率、行动、规则、方法等。总之，知识方程在理论层面，将所有的知识都可以转换成为形如简单的"$a=b$"的知识等式形式。

从知识表示的角度，虽然知识等式的形式非常简单，但是，由于知识等式的两端具有结构化和高阶特性，因此知识方程具有很强的表达能力。可以证明，高阶逻辑可以映射到知识方程上，是知识方程的一个真子集。从数据库的角度，知识等式一方面可以看作键值（key-value）数据模型的扩充，另一方面也是关系数据模型的扩充。因此，知识方程具有统一关系数据库和大数据库的可能性，同时也能统一数据库和知识库。从知识查询与推理的角度，由于知识等式扩充了键值模型，因此对查询任务，能保证效率，而对复杂推理任务，复杂度和传统方法（如一阶逻辑）在同一个层次之上。在知识获取与学习方面，原理上，等号是个函数,而神经网络是一个很好的函数模拟器。因此,知识方程方便用深度神经网络进行学习。

和现有符号知识模型(包括知识图谱、框架系统、XML/RDF、描述逻辑、一阶逻辑等)相比,知识方程具有显著的优越性。同时,知识方程具有与亚符号知识模型很好融合的潜力。

例如,知识方程可以用来自动求解数学问题,其推理框架如图4所示。我们以知识方程的形式表示各种数学定理(如勾股定理、二倍角公式等),形成知识库/规则库。当求解一道具体的数学题目时,先通过题意理解,把数学题目转换为机器可理解的知识方程表示的事实库,即一些知识等式的集合。解题最关键的问题在于每一步选取哪条(实例化)知识/规则来推理,这通过一个规则选取和实例化模块实现。在规则选取之后,把推理结果加入事实库中。如果已经推出结论,则过程结束,否则持续推理,直到得出解答过程。

以一个具体问题的自动解题过程为例,题目为在等差数列$\{a_n\}$中若$a_1=1$,$a_4=4$,求通项公式a_n,自动解题过程如下:

知识方程题意表示:

Fact:$a \in$ Arithmetic Progression,$NT[1](a)=1$,$NT[4](a)=4$,$NT[n](a)$

Ask: $NT[n](a)$

需要用到的知识方程规则库:

G1:$x:=\sim@Get\ All(Equation)$,$y:=\sim@Get\ Variable\ List(x) \rightarrow \sim@Solve(x,y)$

P1:$x \in$ Arithmetic Progression $\rightarrow NT[n](x)=NT[1](x)+(n-1)*CD(x)$

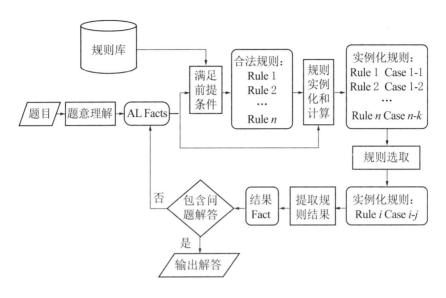

图 4 推理框架

按照上述流程，自动搜索推理过程如图 5 所示。

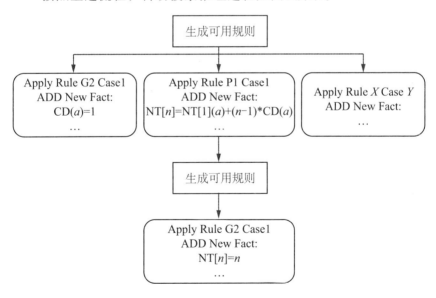

图 5 自动搜索推理过程

基于知识方程，中国科学技术大学知识计算实验室提出新的数据与知识双轮驱动、结合大模型与推理引擎的智能信息系统范式。

传统信息系统以数据库（关系数据库或大数据库）为核心，在其基础上开发应用程序。数据库用来做信息查询与整合，本身并不具有认知推理与决策能力，所以此类信息系统的智能化和自动化程度很低，并且只能利用数据库中存在的信息。

随着ChatGPT等大模型的兴起，在原有以数据库为核心的信息系统之上，大模型可以从暗数据库（文本、图像、视频等）中挖掘有效信息并在一定程度上进行推理与（辅助）决策。事实上，这是信息系统的一个范式革命。在所有数据中，暗数据占绝大部分。传统的信息系统必须通过一些手段（无论是人工还是自然语言处理或计算机视觉技术），将暗数据转成数据库中的"明"数据，才能使用。这种转换往往由于工程和成本等问题，只能处理暗数据中的极小部分。因此，传统的以数据库为核心的信息系统对暗数据的处理能力相当弱。与之不同的是，大模型可以直接基于暗数据进行输出，因此对暗数据的处理能力很强，可以用到大部分暗数据信息。基于大模型的信息系统类似于人类用于思考的系统，能在一定程度上直接基于大数据做推理与决策。但是，大模型存在幻觉、深度语义理解差、可解释性差、可调试性弱等严重问题，精确性不够，在很多应用场景并不能直接满足要求。

因此，中国科学技术大学知识计算实验室提出大模型增强技术，构建领域本体与知识库，在此基础之上融合大模型与知识推理引擎，研发知识数据双驱动智能信息系统框架。如图6所示，该框架包括：

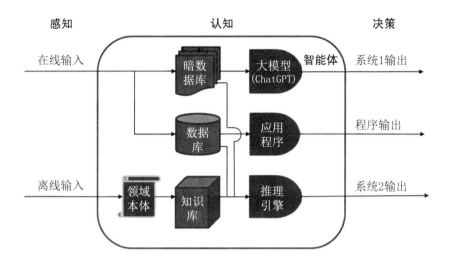

图6 大模型与推理引擎的知识数据双驱动智能信息系统框架

（1）1领域本体（domain ontology）。针对特定领域，构建领域本体，把领域建模成机器可理解的形式结构。从语言的角度，本体就是该领域的一个机器词典。从数据库的角度，领域本体是实体-关系模型的扩充。

（2）3库：数据库、暗数据库和知识库。数据库即为传统的关系数据库或大数据库；暗数据库包括文本、图像等非结构化的暗数据；知识库则为基于本体语言写的机器可理解的形式化知识，包括事实、规则与方法等。3库均和本体有对接或对应。

（3）2引擎：大模型引擎和推理引擎。大模型引擎类似于人类思考系统一，主要基于暗数据，其速度快、能耗低，但不保证结果精确；推理引擎类似于人类思考系统二，主要基于形式化知识，精确但泛化性较差。

该框架融合了人类用于思考的系统一和系统二的认知推理与决策能力，与单一大模型相比，具有正确性高、可靠性好、可解释性好、可调试性高等重要优点，能够显著提高大模型在各行各业的应用价值。除了数据库和暗数据库之外，该系统还可以有效利用知识库的信息。因此，该框架有望引领大模型之后的另一次信息系统范式革命，也是智能信息系统的新形态。

六、人工智能——应用与影响

随着ChatGPT等大模型的兴起，人工智能将陆陆续续地大规模应用落地。第四次工业革命（即智能革命）将真正意义上来临，人类社会也将步入智能时代。前三次工业革命主要停留在体力层面，辅助的是人类的手和脚。而智能革命在脑力层面，辅助的是人类的大脑，让机器产生智慧。这正是人类最引以为傲的能力，也是人类区别于其他动物的最关键所在。因此，与前三次工业革命相比，智能革命对人类社会和文明所带来的影响也将更加巨大和深远。

现在，大模型已经开始颠覆包括内容生成在内的很多领域。随着大模型的进一步发展以及更多应用层面的契机与模式创新，大模型将产生巨大的社会与经济价值。当下，大模型技术仍然存在着可靠性不够（幻觉问题）、逻辑推理和语义理解能力较差、可解释性差等缺陷。这些缺陷可以通过进一步提升大模型能力来缓解。但我认为，一条更好的路径是将大模型与知识计算深度结合。类似于人类思考的机制，大模型具有泛化性强、通用性好的特点，大致相当于人类思考的系统一，而知识计算在精确性、可靠性、可解释性方面表现更佳，大致相当于人类思考的系统二。两者结合，正好取长补短，有望在不远的将来实现通用强人工智能。从应用的角度，通用强人工智能无论在广度方面，还是在深度方面，都是现有的大模型技术无法比拟的。

　　长远来看，人工智能在很多方面的智慧能力可能会超过人类，不仅是计算、记忆和存储等基础智能，还可能包括决策、预测、创新等高阶智能。这是因为人工智能可以阅览几乎所有信息，包括书籍、网页、图像、视频等在内的暗数据，也可以拥有海量的历史"明"数据，以及综合相当多人类积累的知识，在这些的基础上构建的基于计算的大模型与知识推理引擎也将越来越接近甚至超越人类。这将在极大程度上推动生产力发展的同时，也带来刻不容缓的人工智能伦理问题，这也是整个人类文明需要直面的重大问题。

三

量子科技

苑震生
国家杰出青年科学基金获得者
中国科学技术大学教授

中国科学技术大学教授,国家杰出青年科学基金获得者,中国科学院人才计划入选者。

主要从事光与冷原子量子信息处理研究,曾主持基金委重点项目、科技部"973计划"课题和科技部重点研发计划课题。近年来在 Nature,Science,Nature 子刊,Physical Review Letters,Physical Reriew,PNAS 等国际核心期刊上发表70余篇研究论文,总引用4000多次。

研究成果先后入选2007年和2008年两院院士评选的中国十大科技进展新闻,2008年欧洲物理学会年度重大物理学进展。

简话量子科学

一、什么是量子信息科学

早在1900年前后,普朗克提出了量子论。1927年索尔维会议,量子力学的基本理论框架建立起来。这是有史以来全球智力资源密度最高的一次会议(图1),与会29人中有17人在会议前后获得了诺贝尔物理学奖或诺贝尔化学奖。

图1 量子力学的理论框架基本建立——1927年索尔维会议

1927年索尔维会议之后,量子力学的理论框架基本建立,开启第一次量子革命。自20世纪以来，量子力学一直在推动着科技的进步，例如，核能、晶体管、激光、核磁共振等都是基于量子规律的被动观测及其宏观体现的应用。简而言之，我们理解了量子力学规律，但在当时却没有人能够调控得了单个的量子。在此，我们可以发现基础科学研究如何带动科技发展中各种重要应用的产生（图2）。

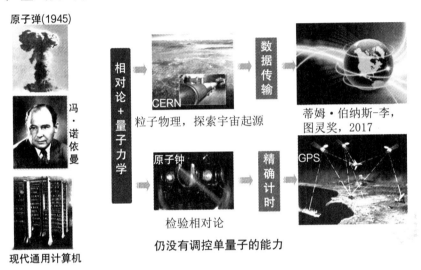

图2 基础科学研究重大应用

二战时期，科学家在研究原子弹时需要进行大量计算，于是开发了现代通用计算机；20世纪八九十年代，欧洲核子中心的高能强子在碰撞过程中产生了大量的数据，需要世界各地的科研人员共享分析数据，该需求催生了互联网的发明；当你在使用GPS导航时，手机接到卫星上的原子钟发来的时钟信号之后，才能通过计算来确定自身所处的位置。有趣的是，该计算还涉及广义相对论修正。在当前的前沿科学研究中，量子力学发挥着重要作用。

什么是量子呢？它可以是一个光子，例如，把灯光进行衰减，最后会发现它有一个光子或几个光子；它也可以是单个原子、单个分子。有人说，是不是只有这种微观尺度的物质才是量子？不一定！例如，谷歌公司的超导芯片约有两三厘米，上面的元器件肉眼可见，尺寸在毫米量级，其里面也有量子效应。在极端情况下，当一个人的温度接近绝对零温时，也可以用量子状态进行描述，所以量子不一定是微观的。

量子比特和经典比特存在明显的区别。经典比特可以处于0或者1两种状态，量子比特可以表现为0和1的叠加态，例如，"0+1"态,这被形象地描述为"一只既死又活的薛定谔猫"的状态。同时，受限于量子力学的测不准关系，量子体系的位置和速度无法同时被测量。除此之外，量子比特还具有一些独特的性质，例如，所谓的"量子不可克隆性"和"多个量子比特的纠缠特性"。

随着量子技术研究的深入，科学家们开始探索如何更好地控制单个原子和光子等量子系统。例如，2012年获得诺贝尔物理学奖的大卫·维因兰德（D. Wineland）和塞尔日·阿罗什（S. Haroche）两位科学家在单粒子的量子调控研究领域做出了突出贡献（图3）。

单原子和单离子

光子

图3 单粒子的量子调控

维因兰德和阿罗什以及后来的科学家基于类似的单量子调控方法，开展了多量子比特纠缠及其应用方面的研究。例如，奥地利和美国的科学家用多个单离子比特进行量子计算；谷歌公司开发了53个比特的超导量子芯片"Sycamore"，实现了随机线路模型中量子优越性的演示；中国科学技术大学使用超过100个光子模式的"九章"光量子计算机、63个超导比特的"祖冲之号"超导量子计算机在两种物理体系中实现了量子计算优越性的演示。

单量子调控技术于20世纪80年代之后逐渐发展起来，科学家们通过不断提高单量子控制能力，将量子力学与信息科学相结合，形成了我们今天所说的"量子信息科学"。

二、 量子信息领域的前沿进展

量子信息科学主要分为三个领域，分别是量子通信、量子计算和模拟、量子精密测量。

量子通信指的是以量子密钥加密方式进行信息传递的通信技术，其基本思想源于查尔斯·本内特（Charles H. Bennett）和吉尔斯·布拉萨德（Gilles Brassard）两人于1984年提出的"量子密钥分发协议"（一般称为"BB84协议"）。基于量子态叠加、测量坍缩和不可克隆等量子力学的基本原理，量子密钥分发提供了理论上绝对安全的密钥传递方法。结合传统密码学的基本理论，在信息加密传输过程中，如果做到密码完全随机、一次一密，我们就可以在A、B两点之间的信道中实现绝对安全的保密通信。

量子通信的发展路线是通过光纤实现城域量子通信网络，通过中继器连接实现城际量子网络，通过卫星中转实现更远距离的量子通信，进而形成了广域量子通信网络。

基于此理念，中国科学技术大学的研究团队主导在2017年9

月开通了"京沪干线"光纤量子保密通信骨干网,已接入金融、电力、政务等行业的多家用户。

2016年8月16日,世界首颗量子通信实验卫星"墨子号"成功发射,通过墨子号,中国科学技术大学研究团队实现了千公里级量子密钥分发速率（~1 kbps）,比同距离光纤速率提高20个数量级（*Nature*, 2017, 549: 43）,实现了千公里级星地双向量子纠缠分发；空间尺度满足检验"爱因斯坦定域实在论"所需的类空间隔条件（*Science*, 2017, 356: 1140）,实现了千公里级地星量子隐形传态（*Nature*, 2017, 549: 70）。

量子计算与模拟指的是基于量子力学基本原理、使用和测控量子比特、运行量子逻辑的信息处理技术。源自量子态本身的叠加和纠缠特性,量子计算在处理大质因数分解等问题时相较于经典算法具有指数级的加速,也将被用于揭示复杂物理系统的运行规律。根据量子计算与模拟的发展路线来看,目前尚未确定能在哪一种物理体系中得以实现。因而,在国际上,科学家们在光子、超导、超冷原子、离子以及固态等各种体系中都在持续地推进。

未来,我们的目标是开发更高精度、更高效率的量子调控方法,实现更多粒子的量子纠缠,并且延长量子相干保持时间,推动量子纠错码的实现。量子相干保持时间与经典存储寿命是不同的,经典存储可以将1 bit信息存储在硬盘中10年而不会有太大问题。但是,量子存储由于与环境相互作用,退相干速度非常快,可能只有几毫秒或几微秒的时间,延长到分钟量级已经是一项很不容易的任务。

量子精密测量是指利用量子态叠加和纠缠的增强效应,高精度地测量能级跃迁、物质波干涉相位等量子特性,突破经典测量极限的相关技术。量子精密测量研究时间、位置、重力、电磁场等物理参数的超高精度测量机理，抑制运动多普勒效应和黑体辐射等的精确控制、精密光谱、原子自旋操控、原子冷却以及原子干涉、单光子/单电子/单原子水平的量子灵敏探测等关键技术，可大幅度提升导航、激光制导、水下定位、医学检测和引力波探测等的准确性和精度。

量子测量技术的应用领域诸如单分子拉曼成像（图4）、单分子磁共振测量（图5）、量子激光雷达等。以中国科学技术大学研究团队开发的量子激光雷达为例，他们将原本使用光电探测技术升级为采用了频率转换技术的单光子探测技术。这一技术的应用使得量子测风雷达的灵敏距离达到了传统测风雷达的3倍。

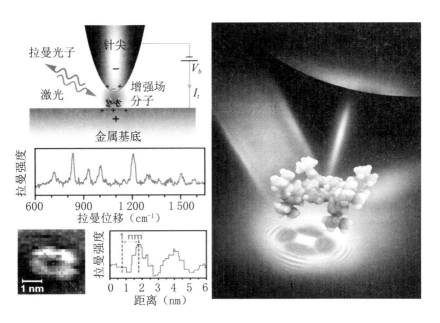

图4　单分子拉曼成像

图 5 单分子磁共振测量

三、国际态势及展望

国际上,量子信息科学领域发展主要由政府主导。英国、德国以及美国等均在该领域制定了相关扶持政策,并且投入了大量经费来支持研究工作。

2015年1月,英国政府划拨了约4亿英镑的国家量子技术专项经费;2016年4月,欧盟宣布投入10亿欧元启动"量子技术旗舰项目",欧盟各成员国不低于1:1配套;2016年5月,美国将量子信息作为国家优先考虑投入的科技领域,2018年,正式通过国家量子计划法案,计划未来10年内向量子科技投入12亿美元研究经费;2019年,德国已启动6.5亿欧元的"量子技术——从基础到市场"框架计划。

企业非常积极地参与其中,例如,谷歌、微软、英特尔等公司都在进行该方向的研究工作。微软公司与哈佛大学等组建量子设计与量子计算研究中心,宣布将制造量子计算机原型机。2014年,IBM宣布投资约30亿美元开展量子计算、硅光子技术等研发。

我国在量子信息以及相关领域已经取得了一定的研究优势,国家统筹全国高校、科研院所以及企业的优势力量,推动基础研究、技术开发、工程应用、产业承接,形成量子技术创新全链条,统筹组织实施了量子技术领域的国家重点研发计划、重大科技项目和相关重大科技工程。

未来,在量子通信领域,我国会形成完整的"天地一体"广域量子通信网络体系,并与经典通信网络实现无缝链接,形成具有国际引领地位的战略性新兴产业和下一代国家信息安全生态系统,以及高精度的全球化时间频率标准传递网络和推动量子力学、广义相对论为基础的物理学前沿领域探索;在量子计算与模拟领域,我国将实现数百个量子比特的相干操纵,对特定问题的计算能力超过目前全世界计算能力总和的100万倍,利用量子模拟揭示高温超导、新材料设计、人工固氮等重大问题的机制,研制具备基本功能的通用量子计算原型机,探索在密码分析、大数据分析等重大问题方面的应用;在量子精密测量领域,我国将发展高精度量子导航技术和量子灵敏探测技术。

基础物理学发展面临百年新变局。19世纪末,物理学天空出现了两朵"乌云",一朵叫"紫外发散",另一朵叫"以太学说",对这两个问题的研究推动了量子力学和相对论的发展。21世纪的物理学天空也有几朵"乌云",例如,暗物质、暗能量等问题,量子力学和广义相对论仍未统一,量子计算中的纠缠退相干难题等,这些基本物理问题的解决最终将会带来颠覆性的科技革命。

袁岚峰

中国科学技术大学副研究员

中国科学技术大学科技传播系副主任

中国科学院科学传播研究中心副主任

中国科学技术大学合肥微尺度物质科学国家研究中心副研究员,中国科学技术大学科技传播系副主任,中国科学院科学传播研究中心副主任。入选中国科学院科学普及领域引进优秀人才计划。

研究领域为理论与计算化学,包括纳米受限体系的结构与吸附、团簇与扩展体系的结构与电子性质、定性分子轨道理论等。在 Nature, Nature Comm., Acc. Chem. Res., J. Am. Chem. Soc., Chem. Sci., J. Mater. Chem. A, J. Chem. Phys., Chem. Comm. 等国际核心期刊上发表 50 余篇论文。

积极投身科普事业,在中国科学技术协会、人民日报社组织的"典赞·2018科普中国"活动中,入选"十大科学传播人物"。社会兼职包括安徽省科学技术协会常务委员、中国青少年新媒体协会常务理事、中国科普作家协会理事、中国无神论学会理事、青年科学家社会责任联盟理事。

量子信息为何能获诺贝尔奖

一、量子力学——描述微观世界的本质理论

2022年诺贝尔物理学奖颁给了三位科学家（图1）：美国的克劳泽（John F. Clauser）、法国的阿斯佩（Alain Aspect）、奥地利的塞林格（Anton Zeilinger），理由是"用纠缠光子做的实验，确认了贝尔不等式的违反和开创了量子信息科学"。与此同时，媒体报道了塞林格也是中国著名量子信息科学家潘建伟的博士生导师。很多人不禁好奇，他们获得诺贝尔奖的成果究竟是什么？中国对量子信息的贡献有多大？未来中国科学家会不会也在该领域获得诺贝尔奖？在此简短地向大家进行介绍。

首先，一个最基本的概念是"量子"。很多人望文生义以为量子是某种粒子，然后会问它跟电子、质子、中子等相比是大还是小。但其实这种理解在根本上就是错误的，量子并不是特指某种粒子。正确的理解是：有很多事物的变化是连续的，也有很多事物的变化是不连续的（或者称为离散的），如果一个事物的变化是不连续的，我们就说它是量子化的，并把变化的最小单位称为量子。

图1　2022年诺贝尔物理学奖①

在日常生活中，就有很多量子化的例子。例如统计人数时，可以有一个人、两个人，但不可能有半个人。上台阶时，只能上一个台阶、两个台阶，而不可能上半个台阶。所以对于统计人数来说，一个人就是一个量子。对于上台阶来说，一个台阶就是一个量子。

也许你想问：有没有什么例子不是量子化的？当然有，而且太多了。例如，你在平地上走路，你可以走1 m，也可以走1.2 m，还可以走1.23 m，任何一个距离都是可以走出来的。这就是连续变化，也就是说距离不是量子化的。

前面举的都是宏观世界的例子，下面来看微观世界。实际上，微观粒子都可以看作某种事物的量子（"量子"这个词并不特指某种粒子）。例如，电子最初是在阴极射线中发现的，阴极射线中可以有一个电子、两个电子，但不可能有半个电子，电子就是阴极射线的量子。同样地，一束光是由很多个光子组成的，可以有一个光子、两个光子，但不可能有半个光子，光子就是光的量子。

---

① 来源：https://www.nobelprize.org/prizes/physics/2022/summary/。

一束光至少也要有一个光子,否则就没有光了。这些例子是物质组成的量子化。还有一类,是物理量的量子化。

例如,氢原子中只有一个电子,这个电子的能量有一个最低值,为-13.6 eV("eV"是一种能量单位,叫作"电子伏特")。电子的能量也可以高于这个最低值,但不能取任意的值,而只能取一个个分立的值,叫作能级(energy level)。这些分立值分别是最低值的1/4、1/9、1/16等,总之就是-13.6 eV除以某个自然数的平方。在这些能级之间的值,例如,-10 eV、-5 eV,是不可能出现的。这也是量子化,只不过不像日常上台阶那样等间距而已(图2)。

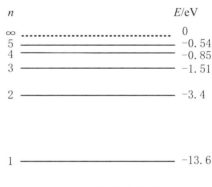

图2 氢原子能级

不只是氢原子,在每一种原子和分子中,电子的能量都是量子化的。不只是能量,还有电荷、磁矩、角动量等许多性质,也是量子化的。

物质组成的量子化和物理量的量子化都说明量子化是微观世界的本质特征。这就是"量子力学"(quantum mechanics)这个词的由来,它是描述微观世界的基础理论。

量子力学起源于1900年,由德国科学家普朗克(Max

Planck）在研究黑体辐射时提出。到20世纪30年代，量子力学的理论大厦已经基本建立起来，能够对微观世界的大部分现象做出定量描述了。科学界公认，量子力学和相对论是现代物理学的两大基础理论。

半导体、激光、发光二极管、卫星导航系统等现代技术都是量子力学的应用成果。甚至可以说，所有的电器都用到了量子力学，因为导电性必须要用量子力学才能解释（图3）。

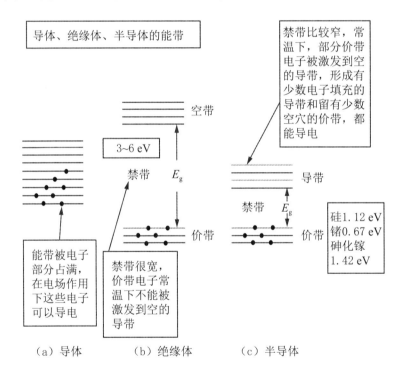

图3 用量子力学推出的能带理论理解导电性

在量子力学出现后，人们就把传统的牛顿力学称为"经典力学"（classical mechanics）。所以现在"量子"和"经典"常常被作为一对形容词来使用，例如，"量子计算机"和"经典计算机"。经典计算机指的就是我们现在用的、成熟的计算机,其实它也是基于量子力学原理工作的(如其中的晶体管、半导体),但跟很多国家和机构正在大力研发的、尚未成熟的量子计算机相比,我们现在用的计算机仍然是"经典"的。两者的基本区别在于,量子计算机的基本操作单元是量子比特(quantum bit,简称"qubit"),经典计算机的基本操作单元是经典比特(classical bit)。如果您对此有兴趣深入了解,欢迎阅读我的科普书《量子信息简话:给所有人的新科技革命读本》(图4)。

《量子信息简话:
给所有人的新科技革命读本》

潘建伟院士作序!
朱清时、包信和、
周忠和、窦贤康、
杨金龙、杜江峰、
六位院士联袂推荐!

图4 关于量子领域的科普著作——《量子信息简话:给所有人的新科技革命读本》

经典力学跟量子力学的关系非常有趣,它们并不是完全矛盾的。在宏观条件下,量子力学可以(近似地)简化为经典力学,两者能够给出相同的预测。因此,经典力学其实是量子力学的一个近似理论,我们在宏观条件下用它完全没有问题。

但在微观条件下,量子力学和经典力学就经常给出不同的预测,到底谁正确可以用实验来检验。在到目前为止的实验结果中,当两者的预测不同时,量子力学总是对的,经典力学总是错的。

2022年诺贝尔物理学奖就是基于这样一种实验检验成果而颁发的。该成果归根结底是解决了一个基本世界观的问题：一个物理量在测量之前是不是必然有一个确定的值？

乍看起来，这完全不是个问题。经典力学或者日常生活中，测量一个物理量时，当然会有一个确定的值在那里等着你去测量。正如一首著名的诗："你见，或者不见我，我就在那里。"

然而，在量子力学中却不是这样。量子力学明确地告诉你，一个物理量在测量之前并不一定有确定的值，这取决于测量的设置。对某些状态和某些物理量，确实有一个确定的值，在这种情况下测量这个量必然会得到这个值，这就和经典力学的情况一样。然而在其他一些状态下，测量这个量就不会得到确定的结果，而是会概率性地得到若干个可能的结果之一。量子力学能够预测这些可能的结果是什么以及它们出现的概率，但不能预测单次测量的结果。

比如，在量子力学中，可以预测某体系的某性质取0和取1的概率各占一半。这话的意思是，制备很多同样的体系，分别多次测量其性质，如果测一万次，那么会有五千次左右得到0，五千次左右得到1。在这个层面上，量子力学预测得很准。但如果你只做一次测量，问物理学家：我这次会得到0还是得到1呢？物理学家根据量子力学就会告诉你无法预测，唯一可预测的只有概率（图5）。

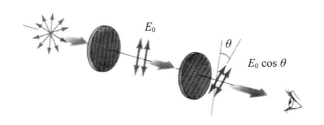

图 5 马吕斯定律[①]

因此,量子力学在哲学上有一个惊人的后果:同一个原因可以得到不同的结果。换句话说,就是世界上存在真正的随机性。而在经典世界里,同一个原因必然得到同样的结果。平时见到的随机性,如掷硬币,只是因为对初始条件了解得不够多,实际上是伪随机。这是两者本质的区别。

二、量子纠缠——量子力学预言的一种现象

表现上述区别的最典型的体系就是"纠缠态"(entangled state),这是一种二粒子或更多粒子的状态。在量子力学中,体系的状态可以用一个函数来表示,称为"态函数"(state function)。单粒子体系的态函数是一元函数,多粒子体系的态函数是多元函数。

对于多元函数,存在一个问题叫作"分离变量",即能不能把它分解成多个一元函数的乘积。例如,$F(x, y) = xy$,这个二元函数一目了然是可以分离变量的,因为可以取 $f(x) = x$,$g(y) = y$,使得 $F(x, y) = f(x) g(y)$。

---

① 马吕斯定律:一个偏振的光子通过与它的偏振方向成 θ 角的偏振片的概率是 $\cos 2\theta$,即 $\theta = 0°$ 时必然通过,$\theta = 90°$ 时必然通不过,$\theta = 45°$ 时一半概率通过,一半概率通不过。

又如，$F(x, y) = xy + x + y + 1$，它能不能分离变量？乍看起来这个函数很复杂，但仔细看看，可以取 $f(x) = x + 1$，$g(y) = y + 1$，使得 $F(x, y) = f(x)g(y)$，所以它仍然是可以分离变量的。

那么，所有的多元函数都可以分离变量吗？其实不然。再来看看 $F(x, y) = xy + 1$。它乍一看似乎比刚才的 $xy + x + y + 1$ 简单，但仔细研究就会发现，无论如何都不可能把它写成 $F(x, y) = xy + 1 = f(x)g(y)$ 的形式（用反证法很容易证明，你可以作为一个练习），所以它是不能分离变量的。

因此，量子力学中多粒子体系的态函数分为两类。如果它可以分离变量，也就是可以写成多个单粒子态函数的乘积，我们就把它称为"直积态"（direct product state），直积就是直接乘积的意思。而如果它不能分离变量，即不能写成多个单粒子态函数的乘积，我们就把它称为"纠缠态"。直积态和纠缠态的区分具有根本的重要性，正是纠缠态推翻了经典力学中的世界观。

在量子力学中，为了便于书写，我们常常使用一种符号叫作"狄拉克符号"（dirac notation）。它是一个形如"|⟩"的尖括号，里面可以填上任意的数字、字母甚至一段话，来表示某种量子状态。例如，对于单个粒子，我们就经常用|0⟩和|1⟩来表示它的两种基本状态，它们的测量值分别对应0和1。而对于二粒子体系，我们可以用类似|00⟩的狄拉克符号来表示它的状态，其中第一个数字表示一号粒子所处的状态，第二个数字表示二号粒子所处的状态，|00⟩表示两个粒子都处于自己的|0⟩态。同理，|01⟩表示一号粒子处于自己的|0⟩态、二号粒子处于自己的|1⟩态，|11⟩表示两个粒子都处于自己的|1⟩态，如此等等。

前面这几个例子都是直积态,即体系整体的二元态函数就是两个粒子各自的一元态函数的乘积。对于直积态,你在测量一号粒子的时候,不会影响二号粒子的状态,所以你可以说"一号粒子处于某某状态,二号粒子处于某某状态",跟经典的语言一样。这就是分离变量的结果。

然而,量子力学中有一个基本原理叫作"叠加原理"(superposition principle):如果两个状态是一个体系允许出现的状态,那么它们的任意线性叠加也是这个体系允许出现的状态。用数学语言来说就是,如果一个体系可以处于$|0\rangle$态和$|1\rangle$态,那么任意的$a|0\rangle + b|1\rangle$也是这个体系可以出现的状态(称为$|0\rangle$和$|1\rangle$的叠加态),这里的a和b是两个数,对它们唯一的限制是$|a|^2 + |b|^2 = 1$(这是量子力学里的另一条规则)。

尤其重要的是,叠加原理对多粒子体系也是适用的。而一旦把叠加原理用于多粒子体系,就必然会出现"纠缠"现象。例如,考虑这样一个状态:$|\beta_{00}\rangle = (|00\rangle + |11\rangle)/\sqrt{2}$,它是$|00\rangle$和$|11\rangle$的一个叠加态。这个态是不是直积态呢?也就是说,$(|00\rangle + |11\rangle)/\sqrt{2}$能不能写成$(a|0\rangle + b|1\rangle)(c|0\rangle + d|1\rangle)$(前一个括号中是一号粒子的状态,后一个括号中是二号粒子的状态)?

答案是不能。假如可以的话,由于这个状态中不包含$|01\rangle$,因此$ad = 0$,于是a和d中至少有一个等于0。但是如果$a = 0$,$|00\rangle$就不会出现;而如果$d = 0$,$|11\rangle$又不会出现。无论如何都自相矛盾,所以假设错误,$|\beta_{00}\rangle$不是直积态,而是纠缠态,不能分离变量。这就意味着,不能用"一号粒子处于某某状态,二号粒子处于某某状态"这样的语言来描述$|\beta_{00}\rangle$。我们对它唯一可说的是,这个双粒子体系的整体处于$|\beta_{00}\rangle$状态。

真正惊人的事情发生在对$|\beta_{00}\rangle$进行测量的时候。当对它测量一号粒子的状态时，会以一半的概率使整个体系变成$|00\rangle$，此时两个粒子都处于自己的$|0\rangle$态；以一半的概率使整个体系变成$|11\rangle$，此时两个粒子都处于自己的$|1\rangle$态。我们无法预测单次测量的结果，但是可以确定，一号粒子得到什么，二号粒子也就同时得到什么。两者各自的结果都是随机的，但这两个随机数总是相等。这就是量子纠缠。

在许多科普文章中，也经常用另一个态$(|01\rangle + |10\rangle)/\sqrt{2}$作为例子，我们可以将它记为$|\beta_{01}\rangle$。这个态的特点是，你对它测量一号粒子的状态时，会有一半的概率发现一号粒子处于$|0\rangle$态，二号粒子处于$|1\rangle$态；另一半的概率发现一号粒子处于$|1\rangle$态，二号粒子处于$|0\rangle$态。你无法预测单次测量的结果，但你可以确定，一号粒子得到什么结果，二号粒子就同时得到相反的结果。两者各自的结果都是随机的，但这两个随机数总是相反。这也是量子纠缠。

所以归根结底，量子纠缠是这样一种现象：两个粒子各自的测量结果都是随机数，但这两个随机数之间存在确定的关联（correlation）。这种关联可以是相同的，也可以是相反的，还可以程度弱一点，比如，90%的概率相同。但如果只有50%的概率相同，那有没有关联呢？其实是没有的，因为两个0和1的随机数如果毫无关联，也会有一半的概率撞上相等，这时就不存在纠缠。如果两个粒子各自的测量结果都是确定的（经典的世界观就是如此），那么即使它们总是相同或者总是相反，也不存在纠缠。因此，量子纠缠的存在包含两个要素：单个粒子的结果随机；多个随机数之间存在关联。这两者缺一不可。如果你理解这一点，你的知识水平就超过了90％的人。

有了这些知识基础,就可以辨析一种常见的错误理解。很多人都听说过这样的比喻:有两个球,一黑一白,把两个球分别寄给两个人。如果你打开盒子发现你收到的是黑球,那么你立刻就知道了另一个人收到的是白球。许多所谓的科普文章会说,这就是量子纠缠。很多人听到这种说法后就会觉得,量子纠缠好像只是个脑筋急转弯,没什么了不起的。

但实际上,这个类似开盲盒的比喻遗漏了一个重点。在这个比喻中,球是黑是白早就确定,这是经典力学的世界观。但在量子纠缠中,测量结果是不确定的!诺贝尔奖委员会为此画了一幅漫画,来表现两种世界观的区别。图6(a)表现的就是经典的世界观,球在测量之前就有个明确的颜色,或黑或白。而在图6(b)表现的量子纠缠图中,球在测量之前既不是黑的也不是白的,可以认为它是灰的。直到你测量的一瞬间,这个灰球才突然变成了黑球或白球,两者的概率各占一半。同时你就知道了另一个球的颜色,你的测量同时确定了两个球的颜色。这才是量子纠缠,它比开盲盒奇妙得多(图7)。

到这里为止,你可能会感到这些思辨虽然很有趣,但无法用实验验证。无论球在测量之前有没有确定的颜色,测量之后它不就确定了吗?这能看出什么差别?

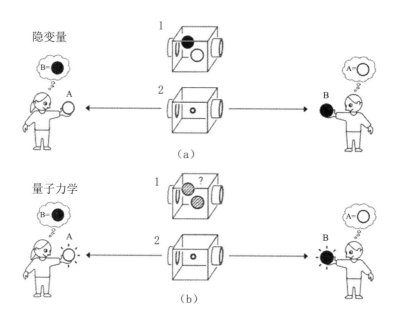

图 6　诺贝尔委员会介绍中使用的"黑球白球"例子①

图 7　量子纠缠(图片来源:《中国国家天文》杂志)

然而,惊人的事实恰恰在于:两种世界观的区别是可以用实验验证的。1964年,爱尔兰科学家贝尔(John S. Bell)指出,可

---

① 来源:https://www.nobelprize.org/prizes/physics/2022/press-release/。

以设计一种现实可行的实验,把双方的矛盾明确表现出来。他提出了一个不等式,把各种可能的测量结果的概率加加减减,只要这些待测的量在测量之前就有确定值,那么这些概率的组合结果就必然有个上限(在常用的一种设置中是2),这就是贝尔不等式(Bell's inequality)。但对于某些量子纠缠态,这些概率的组合就会超过这个上限(在常用的那种设置中会达到$2\sqrt{2}$,超过2)。因此,人们可以做实验去检验贝尔不等式。假如发现这个不等式不成立,就说明经典力学的世界观是错误的,量子力学的世界观才是正确的(图8)。

图8 贝尔与贝尔不等式

2022年的三位获奖者都做了检验贝尔不等式的工作。1972年,克劳泽和弗里德曼(Stuart Freedman)第一次做了这样的实验,得到了一个明显违反贝尔不等式的结果,证明了量子力学是对的(图9)。但他们的实验还比较粗糙,人们可以说,"如果大自然铁了心要作弊,是有漏洞可钻的"。例如,他们的两个探测器之间离得比较近,只有3 m[①],假如有人在这两个探测器之间以光

---

① 来源:https://news.berkeley.edu/2022/10/04/physics-nobel-recognizes-berkeley-experiment-on-spooky-action-at-a-distance。

速传递信息作弊，原则上是可行的。然后阿斯佩等人在1982年改进了这个实验，堵上了一些漏洞。此后塞林格等人堵上了更多的漏洞，进一步确认了量子力学的正确性。

图9 弗里德曼以及他和克劳泽检验贝尔不等式的实验装置

三、量子信息——引领未来信息革命

至此，很多人可能会认为，这些成果只是在世界观层面非常重要，跟现实生活没有关系。然而，实际上这个世界观的变化会带来很多实实在在的技术。这就是诺贝尔奖颁发理由中说的量子信息，其实现在媒体报道的量子科技十有八九指的就是量子信息。它是20世纪80年代以来量子力学与信息科学交叉出现的一门新学科，有望实现许多传统信息技术无法实现的效果，例如传送术。

传送术现在是一种真实的技术，它的专业名称叫作量子隐形传态（quantum teleportation）。不过我们现在还不能传送一个人，能传送的是一个粒子。具体而言，它是利用一对纠缠粒子1和2，把3号粒子的未知状态传给2号粒子，同时3号粒子的初始状态就改变了。

比如，一边有一辆汽车，另一边有一堆汽车零件，实验结果是把汽车的状态传了过去，让汽车零件组装成一辆汽车，但原来的那辆汽车就解体了。所以这是状态的传送而不是复制，你永远都不会得到两辆相同的汽车。在所有的量子信息技术中，量子隐形传态可能是最富有科幻色彩的一种。

量子隐形传态的理论方案是在1993年由六位理论家提出的，1997年由塞林格的研究组第一次实现，当时潘建伟正在塞林格组里读博士，他就是此文的第二作者。

在诺贝尔奖网站的介绍材料中，提到了很多量子信息的新成果，如"墨子号"卫星实现天地之间的量子保密通信，通过"墨子号"发送的纠缠对实现两个相距1200 km的地面站之间的量子隐形传态，这些都是中国科学家的成就。

下面让我们看一下整体图景（图10）。量子信息是现在所有科学领域中发展最迅速的，具体分为量子通信、量子计算和量子精密测量三大部分，有望实现无条件安全的保密传输、前所未有的计算能力、前所未有的探测精度等。因此，量子信息又被称为第二次量子革命，跟以前带来半导体、激光等技术的第一次量子革命相对。目前在量子通信方面中国走在世界最前列，在量子计算方面跟美国并列第一，在量子精密测量方面还有不小差距，不过进步迅速。

量子通信近年来代表性的成果大多出自中国，例如2016年发射的"墨子号"卫星，它是世界上第一颗量子科学实验卫星，以及2017年开通的"京沪干线"，它是世界上第一条量子保密通信骨干网。这两者结合起来，组成全世界第一个"天地一体化"的量子通信网络。近年来，中国电信已经和国盾量子合作推出了量子保密通信手机，有了几十万用户，这是公众直接可以用到的量子通信技术。未来，以天地一体化量子通信网络为基础，中国将进一步推动量子通信在金融、政务、国防、信息等领域的广泛应用。在基础研究方面，天地一体化量子通信网络也将成为全人类重要的基础设施。例如，超大尺度量子干涉的实验可以探索量子力学与广义相对论的融合，这是当今物理学最基础的研究。

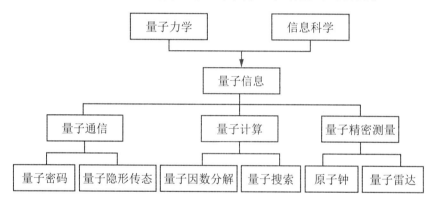

图10 量子信息的三个分支

在量子计算方面，迄今为止最重要的实验成果都属于一个大类，叫作实现量子优越性（quantum advantage），意思是对一个具体的数学问题（即使这个数学问题还没有实用价值），造出一台真实的量子计算机，它对这个问题的处理速度比当前最强的经典计算机（使用当前最优的经典算法）还要快。2019年，美国谷歌公司的团队首次实现了量子优越性，他们处理的数学问题叫作"随机线路取样"（random circuit sampling），使用的物理体系是超导。2020年，中国科学技术大学潘建伟院士、陆朝阳教授等人实现了量子优越性，他们处理的数学问题叫作"高斯玻色子取样"

（Gaussian boson sampling），使用的物理体系是光学。2021年，中国科学技术大学潘建伟院士、朱晓波教授等人在超导体系上也实现了量子优越性，而且计算复杂度超越谷歌团队的量子计算机一百万倍。2022年，加拿大Xanadu公司也在光学体系上实现了量子优越性。到目前为止，实现过量子优越性的就只有这三个国家、两个数学问题和两个物理体系。

在量子信息的三个分支中，量子精密测量的知名度可能是最低的，但其实它才是离实用最近的，至少目前如此。例如我们每天都在用的卫星导航系统，其中的核心技术叫作"原子钟"，它利用量子力学原理来计时，精度可以达到一百万年才差一秒甚至更高。又如现在的潜艇每走一段距离就要上浮一次，因为它对自己的定位不够准确，走得远了就不知道自己在哪儿了。根据公开报道，当前最好的经典惯性导航技术，水下航行100天后的定位误差会达到100 km的水平。所以潜艇不得不上浮，跟卫星联络确定自己的位置。但军事爱好者都知道，露出水面就是潜艇最危险的时候，容易被敌人发现。而基于原子自旋和冷原子干涉效应的量子陀螺仪和重力仪可实现超高灵敏度的惯性测量，有望达到水下航行100天后定位误差不到1 km，所以潜艇不用上浮就知道自己在哪里，这称得上一场"革命"。

回顾2022年诺贝尔物理学奖，其中已经有不少中国科学家的贡献。以后我们取得更大的成果，例如建成全球量子通信网络，或者造出有实用价值的量子计算机，或者用量子精密测量技术发现暗物质，获得诺贝尔奖也是完全有可能的。当然，这些成果的价值远远不只是获得诺贝尔奖了！

四

大科学装置

封东来

中国科学院院士

中国科学技术大学教授、核科学技术学院执行院长

国家同步辐射实验室主任

中国科学院院士,中国科学技术大学教授、核科学技术学院执行院长,国家同步辐射实验室主任。

长期从事凝聚态体系微观机理的实验研究,发展了电子结构测量技术,在揭示关联材料的实验图像和观测材料新奇性质等方面取得了系列原创成果;发现了电声子耦合与电子关联协同增强超导的新机制;为建立铁基超导理论提供了系统的实验依据;加深了对电荷密度波、重费米子和莫特相变体系的理解;给出了新型拓扑近藤绝缘体、外尔半金属和拓扑超导体中马约拉纳零能模的证据。共发表论文190余篇,他引17000多次,应邀在学术会议做报告百余次。

曾获联合国教科文组织侯赛因青年科学家奖、海外华人物理学会亚洲成就奖、中国物理学会叶企孙物理奖、国家自然科学奖二等奖、全国创新争先奖、何梁何利基金科学与技术进步奖、腾讯首期"新基石研究员项目"资助等。

同步辐射光源是"科技之眼"

一、同步辐射是科技的"灯塔"

同步辐射是一种高速电子偏转时产生的电磁辐射。

同步辐射的原理是带电粒子（电子、离子）以接近光速运动时，在电磁场的作用下偏转，沿运动的切线方向上发出电磁辐射。同步辐射是一种广谱光源，可以覆盖从红外、紫外、软X射线到硬X射线甚至γ射线的光谱范围。

X射线（也称X光）的发现和使用最早可追溯到伦琴，他在1895年制作了最早的X光机，并用X光拍摄了他夫人的一只手，清晰地看到了她手上的骨骼，自此开启了新的影像时代，利用X光能够看到此前人们肉眼看不到的物质。半个世纪后，科学家又用X光衍射看清楚了DNA双螺旋结构，意味着人们对生命的理解进入新的层次（图1）。在成像、散射（衍射）实验方法之外，科学家们在能谱分析基础上，同时进行着化学分析和物理分析。由于X光具有很高的实用价值，人们一直试图制造出更亮的X光源。

X光被发现后的半个多世纪，人们观察到当带电粒子在加速器里偏转时会发射出比普通X光机强得多的X光，从而研制出了第一代、第二代和第三代同步辐射光源。近十年来，第四代同步辐射光源的概念被提出，其辐射的同步光性能有了飞跃性提高，光源亮度已经超过了过去X光机的万亿倍。在目前最亮的同步辐射装置上一秒内测量的数据量，如使用过去普通的X光机，则需要3万年。

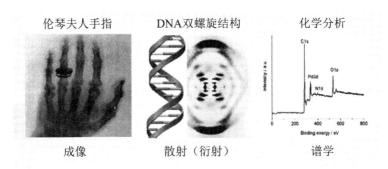

图1　X光让人"见所未见"

正是因为有了强大的X光源，提供了多种多样的探测方法，我们现在才能够进行更加精细的工作。一般来说，可以把同步辐射的实验方法分成散射、成像和谱学三大类。通过X光成像技术，我们可以得到小鼠脑血管的三维相位衬度成像，看清楚尺寸小于20 μm的微血管和尺寸大于50 μm的血管。这项实验是在上海同步辐射光源（简称"上海光源"）X射线成像及生物医学应用光束线站(BL13W1)完成的，此次实验采用的能量是22 keV，空间分辨率为11.8 μm，图像的标尺是500 μm。

近年来散射技术也在不断发展，我们可以测出原子量为几百万的复杂蛋白质结构。新冠疫情出现后，中国科学技术大学校友饶子和利用上海光源，成功解析了新型冠状病毒关键药物靶点——主蛋白酶（Mpro）的高分辨率三维空间结构。随后，一些制药厂借助同步辐射光源的测量结果，通过设计小分子来阻断这些蛋白的功能,以此开发新型冠状病毒感染的治疗药物。中国人能最早检测出该蛋白质结构,也是我国科技实力的体现。此外,诸如超导体、量子计算所使用的材料以及拓扑材料等,都可以通过同步辐射能谱技术进行精细测量。

值得一提的是,相比第三代同步辐射光源,第四代同步辐射光源的亮度又提高了几百倍,原本不相干的X光(如普通日光灯产生的光就是没有相干性的可见光,激光是有相干性的)逐渐变成了相干的X光,基于光源的相关性可以进一步发展各种成像和散射技术,这将大大提升我们观察复杂体系的能力。

同步辐射作为研究微观世界的最有效且系统的工具,也被称为"科技的灯塔"。大科学装置是科学中心的核心要素,同步辐射是大科学装置中的明珠。目前,全球约有50多台同步辐射设备。在中国,北京正负电子对撞机被称为第一代光源,合肥国家同步辐射实验室光源(简称"合肥光源")被称为第二代光源,上海光源被称为第三代光源。预计在2027年建成的合肥先进光源就是第四代光源。深圳作为第四个综合性国家科学中心,已计划投资建设相关光源项目。

同步辐射光源能提供的光子能量范围非常广阔,从红外、真空紫外一直到X射线、γ射线等。不同的光源覆盖的能量范围(能区)不同,合肥、上海和北京的光源分别被称为低能、中能和高能光源。不同能区的光源有不同的用途,互相协作,优势互补,性能上并无高下之分。位于低能区的合肥先进光源可以以纳米级的高分辨率直接观测复杂的不均匀体系中的电子、自旋和化学状态,以及轻元素体系的结构,有望揭开高温超导电性的秘密,帮助人们研究航空发动机燃料燃烧过程。中高能量区光源则侧重研究原子位置、晶格结构以及重元素信息等，例如，研究航空发动机单晶叶片的结构缺陷和蛋白质分子结构等（图2）。由于同步辐射装置的战略性地位，中国、美国等世界性大国一般都建设有低、中、高能区的光源，形成合理分布的光源体系。

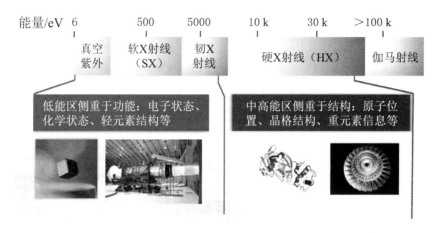

图2　不同能区光源能力互补

二、同步辐射是推动产业升级的科技引擎

同步辐射光源不仅在科学界大放异彩，在工业界也得到广泛应用。据已公开的资料，美国有230余家公司利用美国阿贡国家实验室的先进光子源（APS）开展产品研发；欧洲有超过150家公司利用欧洲同步辐射光源（ESRF）研发产品；依托英国"钻石"同步辐射光源（Diamond），英国公司开展了抗流感药物、艾滋病HIV抗逆转录病毒药物、手足口病疫苗、高压巨磁电阻甚至巧克力等方面的产业研发；依托日本大型同步辐射光源（Spring-8），日本公司开展了汽车发动机、橡胶、强韧超耐热塑料、自组装凝胶、全固态电池、防蛀牙口香糖、肌肤美白品和预防白发药

物等方面的产业研发。事实上，由于涉及商业机密不被公开的原因，同步辐射光源的实际产业应用远不止这些。

在这方面，中国起步相对较晚。但在制药领域，新型冠状病毒疫苗和抗体药物的研发就利用了同步辐射，百济神州有限公司对抗癌药物的开发就建立在与上海光源的合作基础上；在集成电路领域，同步辐射在光刻工艺和掩膜系统等核心技术的研究上都发挥了重要作用。合肥光源、上海光源等辐射的同步光能够覆盖到 13.5 nm 极紫外光区，可以直接用于研究集成电路的曝光工艺。此外，利用同步辐射成像技术可以实现对芯片的无损检测，助力光刻工艺往更小的工艺节点推进。在材料领域，上海光源的原位成像技术帮助中铁北赛电工有限公司研发高铁合金接触线的生长工艺，实现了国产化。在高分子膜材料研究上，同步辐射帮助攻克了诸多技术难关，提高了研发效率。

同步辐射不仅能帮助企业解决研发问题，还可以通过光源建设过程中的"沿途下蛋"的方式，孵化高科技企业，提高企业生产效率和经济效益。例如，依托美国先进光源（ALS），劳伦斯伯克利国家实验室创立了生物、医药、电池等 60 家公司，孵化初创科技公司 50 家，实现投资 1 美元经济产出 3 美元的效益；依托英国 Diamond 同步辐射光源，在抗流感药物研制、手足口病疫苗研制、高压巨磁电阻等方面的产业研发，2007—2020 年，英国实现投资 12 亿英镑产出 18 亿英镑的效益。

英国 Diamond 同步辐射光源能量达 3 GeV，电子储存周长 561 m，占地面积相当于 5 个足球场，总投资 2.35 亿英镑，是 40 多年来英国投资兴建的最重要的大科学装置和最大的民用科研基地（图 3）。每年运行时间 5000 h，大约 10% 的光束运行时间出售给工业用户，每年接待约2000名用户。90%的用户是科研机构，其余是企业用户。依托英国Diamond同步辐射光源和英国散裂中子源（ISIS）等大科学装置，英国建立了哈威尔（Harwell）科学和创新园（HSIC），它占地300公顷，共聚集了100多个组织的4500多名工作人员。

图3　英国第一台第三代同步辐射光源

日本Spring-8同步辐射光源是世界上能量最高的第三代同步辐射光源，大储存环直径457 m，比4个足球场的周长还要长一些，约为1436 m（图4）。日本Spring-8同步辐射光源首期建设成本约为1100亿日元，自1997年10月正式启用，至今已建成55条光束线站，已服务日本及全世界科学、工业、企业界超过20万人次。

国家同步辐射实验室坐落在安徽省合肥市中国科学技术大学西区校园内，是国家计委批准建设的我国第一个国家级实验室（图5）。1991年建成中国第一个专用同步辐射光源，获1995年国家科学技术进步奖一等奖。2014年完成升级改造，并在化学化工等领域得到了较多应用。例如，上海交通大学齐飞教授等利用合肥光源研究航空发动机燃料燃烧反应路径，为上海商用飞机航空煤油配方的优化做出了贡献；包信和院士在大连化物所时，其团队利用合肥光源和上海光源，研究煤制烯烃的催化剂；单原子催化剂的研制更是离不开同步辐射技术的支持，也已经进行了产业化。

图4　日本Spring-8同步辐射光源

图5　中国国家同步辐射实验室

三、合肥先进光源——探索微观世界之眸

现在运行的合肥光源是二代光源,尽管目前运行良好,但与国际一流水平相比仍然存在差距。我们已经在合肥动工建设第四代光源——合肥先进光源,其辐射的同步光性能有了飞跃性提高,亮度是现有合肥光源的100万倍。合肥先进光源建成之后,将实现我国先进同步辐射光源的全能区覆盖(图6)。它作为全世界最好的低能区高性能光源,初期预计每年全球用户3000人次,未来可达10000人次,其中包括很多国际用户。

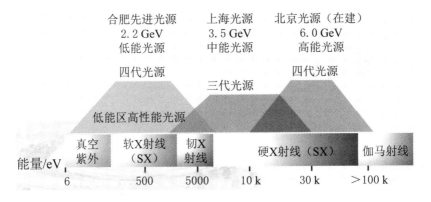

图6 我国同步辐射光源能区分布

图7为合肥先进光源,其周长为480 m、能量为2.2 GeV,共可容纳35条线站,首批将建设10条光束线和实验站。合肥先进光源的工程目标是国际先进、低能量区的第四代同步辐射光源,科学目标是实现对复杂体系电子态、化学态、轻元素结构的精确测量。第四代光源与前三代光源应用上的不同之处在于,第四代光源可利用相干散射技术,将高度有序的光打到无序的样品上产生散斑,通过计算机可重构出其微观结构和状态。

同步辐射在产业领域的应用非常广泛,做出了很大贡献。工

业领域的开拓和创新离不开同步辐射,其发展趋势也可预见。经过10余年的发展,中国的产业界用户规模已逐渐扩大,同步辐射在产业领域做出的贡献日益增加。

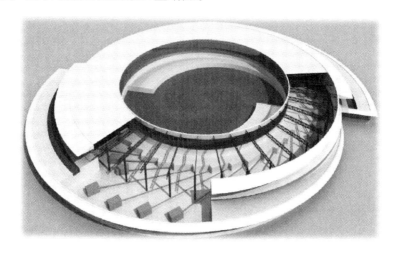

图7 合肥先进光源

合肥先进光源作为国家战略科技力量,将为紧迫的国家安全需求,包括能源产业链、粮食安全、国防安全等,提供先进的技术手段。诸如在能源需求方面,开采提取剩余油和页岩油时便需要运用第四代光源的成像技术;在产业链安全需求方面,可用于研究航空发动机、航空用复合材料、航空轮胎、航空航天燃料组分优化、特种化工品等。

此外,合肥先进光源将夯实创新能力根基,支撑核心技术突破,推动产业升级,提供前沿性、战略性科技储备。例如,在信息通信领域,未来的量子器件、5G光学膜、光学玻璃、芯片无损探测等的核心技术研究都需要用到同步辐射技术。

目前我国的同步辐射装置能够提供的实验机时与用户需求之间存在巨大缺口。就合肥光源来说,用户申请机时和实际可以提供的机时比例约为6∶1,70%的用户需求得不到满足。这种状况也在逐渐改善中,今后几年,随着北京的高能同步辐射光源和合肥先进光源逐步建成运行,同步辐射光源的供需矛盾将大大缓解。

实际上,大科学装置离我们普通人的生活并不遥远。例如,神经退行性疾病是人类的大敌,其中阿尔茨海默症全球患者有5千万,我国有1千万,且呈爆发性增长,每一个患者背后都是一个痛苦的家庭。过去20年,各大药厂投入了约8000亿美元研制了320种药物均失败。其主要原因在于,阿尔茨海默症可能由相关蛋白在细胞内外的异常运输、错误折叠和团聚导致,其空间尺度在10 nm以内,目前现有的探测技术分辨率不够,因此病理仍不明、药物研发效率极低。未来,合肥先进光源将把细胞三维成像分辨率提高到几纳米,这样才能看清发病病理,有的放矢地去研发对症药物。

在关键轻质材料的研发方面,我国高端轻元素材料几乎完全依赖进口,是众多产业和国家需求的"卡脖子"材料。轻质材料的制作原理简单,只需将含碳、氢、氧等轻元素的原材料,例如乙烯等纳入其中,但轻质材料的生产工艺极其复杂。当前技术看不清其在加工、服役过程中多尺度结构演化过程,无法精确判断构效关系,研发只能靠运气,效率极低。既然如此,为什么日本的碳纤维做得更好呢?

实际上,日本东丽公司60多年来也只能靠成千上万次尝试的"试错法"去进行研发。"试错法"的研发方式是极其耗时的,我们过去只能通过下苦功夫来追赶。第四代光源将帮我们看清轻质材料的演化过程,给我们一双"眼睛"看清楚底层的物理和化学原理与过程,从而有针对性地加快研发。

科技之声
——来自创新的前哨

过去，安徽省的产业主要集中在水泥、煤矿、有色金属等传统行业，未来将加大对高科技研发的投入。图8展示的是大科学装置聚集区，周边规划了相应的成果转化区和服务区，合肥有望成为未来科技研发的重要中心，凭借先进光源引领产业技术与一流人才集聚相结合，打造产业创新策源地。

图8 大科学装置聚集区

我国同步辐射的发展，从过去的几代光源一直到最新的四代光源，走过了几十年的路，实现了从"跟跑"到"并跑"的转变，未来我们的产业研发更加需要迎头赶上。当前我国正处于产业转型升级的关键时期，亟需科技基础设施的完善，同步辐射将是必不可少的助推力量。

同步辐射先进光源像一只大眼睛，既可以仰望科学星空，也可以探索微观世界，是科技之眼。未来，国家同步辐射实验室将争做长三角协同发展的加速器，结合上海大科学装置和江浙沪皖的基础研究与产业聚集优势，共同打造"长三角光子科学与应用走廊"，进一步带动长三角区域整体发展。

李良彬
国家杰出青年科学基金获得者
中国科学技术大学教授
国家同步辐射实验室党委书记

中国科学技术大学教授，国家同步辐射实验室党委书记，国家杰出青年科学基金获得者，安徽省先进功能高分子薄膜工程实验室主任，中国科学技术大学与皖维、乐凯、国风3个企业的校企联合实验室主任。科技部"新型显示光学膜"创新团队负责人，Macromolecules 副主编，中国材料学会高分子材料分会常务理事。

主要从事流动场诱导高分子结晶的基础研究和高性能薄膜拉伸加工在线研究综合平台建设和成套工艺研发。针对流动场诱导结晶的基础问题，基于同步辐射大科学装置，发展研制了一系列原位样品装置，其时间和空间分辨率为目前报道的最佳水平。近年来在 Macromolecules 和 Polymer 等期刊发表论文300余篇，申请专利100余项。

曾获安徽省科学技术进步奖一等奖、教育部自然科学奖二等奖、第十三届"冯新德高分子奖"最佳文章奖等。

以同步辐射光源为核心，打造新型科创与产业融合平台

一、同步辐射装置——科学界的"互联网"

什么是光？光是认识物质世界和生命过程最基本的工具。春天来了，树叶变绿了，这是为什么？因为树叶会产生叶绿素，叶绿素吸收太阳光里蓝色和红色波段，剩下绿光反射回来，于是我们看到了充满绿意的春天。到了秋天，树叶里的叶绿素含量减少，β-胡萝卜素增多，吸收的光波段不一样，我们看到的树叶颜色也随之发生变化。除了肉眼可见的光之外，也有人类看不见的光，比如，属于长波范围的红外光和属于短波范围的X光。

我们的祖先非常有智慧，构造了"光明"这个词——有了光就明白了。从自然的太阳光到钻木取火、电灯，人类历史就是一个不断追求光明的历程。今天再向大家介绍另一种光——同步辐射光。与常规实验室光源相比，同步辐射光源最突出的区别在于其亮度，比常规光源高出12个数量级以上，假设常规光源的亮度是1，同步辐射光源的亮度便是1×10^{12}。这意味着在相同效率下，用同步辐射光1秒能看清的东西，用常规光需要10^{12}秒——约3万年才能看清。

目前全球有50多台同步辐射装置在运行，我国大陆地区正在建设和运行的3台高、中、低能专用光源，分别位于三个综合性国家科学中心：北京怀柔综合性国家科学中心、上海张江综合性国家科学中心和合肥综合性国家科学中心（图1）。实际上，先进光源是发达国家科学中心或者国家实验室的标准配置。例如，美国能源部的斯坦福直线加速中心（现更名为SLAC国家加速器实验室）、美国阿贡国家实验室、劳伦斯伯克利国家实验室和布鲁克海文国家实验室等都建设有同步辐射等先进光源。

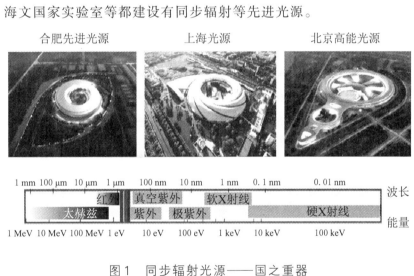

图1 同步辐射光源——国之重器

同步辐射装置有什么用？实际上，同步辐射装置不仅是生命、环境、能源、材料、物理、化学、地质、考古等众多学科领域基础研究不可替代的先进工具，也在信息电子、生物医药、石油化工、能源环境、新材料和农业等基础和高科技产业、国家安全方面发挥重要作用（图2）。

同步辐射装置的优势和作用可总结成三点：首先，它是服务前沿科技、国民经济、国家需求和生命健康等研究的"旗舰"装置，已成为各国国家实验室核心能力的体现和投资方向；其次，世界上每年有超过10万名用户在50余台同步辐射大科学装置上工作，它是凝聚最多科学家同时工作的大科学平台，并产生了大量改变人类生活的革命性研究成果；最后，同步辐射装置具有连接作用，为众多学科带来附加值，相当于科学界的"互联网"。

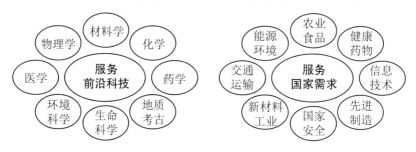

图2　同步辐射光源的应用领域

同步辐射在工业中具有广泛而重要的应用。譬如，美国有230余家公司利用美国阿贡国家实验室先进光子源开展产品研发，其中的多数企业是世界500强公司；英国葛兰素史克公司（Glaxo Smith Kline）利用先进光子源（APS）开发出治疗癌症的药物Votrient。在欧洲和亚洲，至少150家公司利用欧洲同步辐射光源（ESRF）进行产品研发，日本工业界与日本原子能机构联合在日本Tohoku建设同步辐射光源。与美国、欧洲国家、日本等发达国家相比，中国的同步辐射事业起步相对较晚，但在工业应用方面发展迅速，工业界积极参与同步辐射线站建设和利用同步辐射开展产品研发，如中国石化在上海光源建设"三线多站"，用于油气勘探、催化剂研制、高分子材料加工等方面的研究（表1）。

表 1　中国石化上海光源能源化工科学实验室

项目名称	中国石化上海光源能源化工科学实验室
建设内容	三条同步辐射线和多个实验站
SinopecE 线站	X射线吸收-X射线衍射联用技术——催化
SinopecM 线站	小角/广角X射线散射技术材料
SinopecC 线站	纳米CT技术——采油

二、国之重器——合肥先进光源

国家同步辐射实验室坐落在安徽省合肥市中国科学技术大学西区校园中，于1983年4月8日由国家计委批准立项，并直接命名为国家同步辐射实验室，规定其为国家级共用实验室，这是我国第一个国家级实验室。国家同步辐射实验室是我国同步辐射的发源地，拥有的同步辐射装置是多年来国内高校中唯一一台大科学装置和国家级实验研究平台。迄今为止，国家同步辐射实验室已建设运行30多年，圆满完成了三期重大工程任务，目前同步辐射装置运行稳定，成果产出在国际同类装置中处于领先地位。

随着我国社会、经济、科技等领域的高速发展，无论是国家需求还是前沿科技都对同步辐射光源提出新要求。《国家重大科技基础设施建设中长期规划（2012—2030年）》中明确指出，"适时启动高性能低能量同步辐射光源建设……逐步形成布局合理的国家光源体系"。因此，国家同步辐射实验室正在推进建设合肥先进光源——第四代（衍射极限）低能区同步辐射光源（HALF）。2017年9月，合肥先进光源规划列入《合肥综合性国家科学中心实施方案（2017—2020年）》，同年12月，安徽省、合肥市及中国科学院启动合肥先进光源预研工程，预研工程各项工作进展顺利。2023年6月，合肥先进光源获得初步设计概算的国家批复，正式进入建设阶段，计划建成世界级光子科学和产业研发中心，爱国科普教育基地。

为什么在上海已经有第三代中能区光源以及北京正在建设高能区光源的情况下，还需要建设第四代合肥先进低能区光源呢？上海光源和北京高能区光源偏重硬X射线，硬X射线能量高，难以区分原子核周围电子的能量差异，特别是碳、氮、氧、硅、硫、磷、铝等轻元素，硬X射线主要用于观察电子云、原子的位置，表征晶体结构或者跟踪相变等动力学过程。软X射线能量低，与不同能级的电子能量匹配，可以看清楚电子，区分不同的元素、化学等结构，结合高亮度和相干，还可以看清电子的自旋。合肥先进光源的定位在低能区、高亮度、高相干，其技术优势在于元素、化学价态、自旋等敏感的高空间和时间分辨检测。以元素吸收边能量为参考，合肥先进光源提供的光子能量覆盖了元素周期表中前4行的大部分轻元素——也是生命和社会活动中最重要的元素。

合肥先进光源的用途非常广泛，下面列举三个代表性案例：

第一，量子材料。量子材料的研究推进了我们对微观世界物理规律的探索，是未来信息、能源等产业的材料基础。信息处理和存储的芯片是我国进口的第一大工业产品。现有芯片采用电荷作为信息处理的载体，由于固有的欧姆发热，功耗和速度呈正相关，限制芯片的集成度。未来如果采用自旋作为信息处理的载体，理论上可实现低功耗、高集成和高速。但现有研究技术无法实现对纳米尺度自旋结构的检测，限制了自旋相关科学和器件的发展。

合肥先进光源将建设自旋敏感的纳米空间分辨检测技术，助推我国自旋相关科学和技术的发展。

第二，能源与化工。界面电子结构和化学反应动力学是化工领域，尤其是涉及（我国能源安全的）碳基能源（页岩气、劣质煤、生物质）催化转化面临的重要科学问题。我们在这方面有丰富的经验，用户此前利用合肥光源开展煤制烯烃研究，并且在顶级期刊 *Science* 上发表了相关文章，该研究即将进入产业化阶段。但随着催化剂尺寸越来越小，相关研究需要纳米空间分辨的化学成像和谱学技术，现有的合肥光源不能满足需求，需要第四代合肥先进光源。在能量转化和动力学领域，由于关键燃烧过程的研究需要高亮度的低能区光源，合肥先进光源也有助于推动燃烧基础研究。

第三，航空航天技术。轻质高强复合材料的用量是飞机技术先进性的标志之一，与波音、空客等公司的飞机相比，我国大型飞机在轻质高强复合材料用量方面还有很大的提升空间。轻元素无序材料在加工、服役中的结构演化研究迫切需要具有元素化学价态敏感性的高空间、高时间分辨的实验技术（如复合材料界面、航空轮胎非橡胶组分等），合肥先进光源对轻元素、化学价态敏感的特点将使其在航空航天技术发展中扮演着重要角色。此外，生物降解农膜、新能源电池隔膜、新型显示光学膜等是主要的含轻元素碳、氧的高分子材料，也是合肥先进光源发挥其优势的重要领域。

三、先进光源+——科创产业融合新模式

同步辐射光源是创新链的源头。打通创新链-产业链-价值链，需要连续协同做好"看清楚、想明白、做出来、卖得好"这四件事。同步辐射光源具有高亮度等优势，负责"看清楚"，科学家和工程师的智慧可以把问题"想明白"。如何从"看清楚、想明白"到"做出来、卖得好"？可以考虑"先进光源＋"的科创与产业融合平台的思路，"＋"表示"做出来、卖得好"，包括做产品研发、中试工程放大的政-企-校联合研究机构和做产品推广的企业。

我们已经开始探索"先进光源＋"的创新模式。以新型显示为例，在新型显示"创新链-产业链-价值链"中，上游偏光膜、支撑膜和补偿膜等材料需要源头创新。先进光学膜是典型的高技术壁垒产品。以PVA偏光膜为例，日本可乐丽公司垄断近40年，目前约占全球70％的市场，剩余市场份额被日本合成化学公司占领。我国台湾长春集团股份有限公司和安徽皖维集团有限责任公司（简称：皖维）两家企业分别经过10余年的努力，才刚进入薄膜晶体管液晶显示器（TFT-LCD）和有机发光二极管（OLED）市场。

实际上，先进光学膜制造是从0.1 nm分子设计合成到10 μm量级薄膜加工的全链条、跨尺度系统工程，是精确分子合成、精确加工技术、精密制造装备的集成。简单工艺模仿只能学其形，而不能悟其神。传统离线检测技术无法看清楚制造过程中的结构性能演化，在缺少结构演化规律的情况下去"瞎试错"，在N维变量空间求最优解，无异于大海捞针，效率低、成本高，我们需要

能"看清楚"制造过程中结构—性能演化的技术。突破先进光学膜这个"卡脖子"问题必须结合基础与应用研究，从源头创新，这个过程中合肥先进光源等同步辐射大科学装置将发挥关键作用。同步辐射光源既能看清楚光学膜双向拉伸等加工工艺，也能看清楚新型显示偏光片加工工艺。

我们团队在薄膜材料行业的进一步深耕主要得益于与国风、乐凯、皖维、星源、中材锂膜等多家薄膜企业的合作。这些企业都有一个特征，就是它们需要高附加值的薄膜产品，对研发的要求更高，相关合作也不满足于单一的横向课题项目，更希望在系统化源头创新上下功夫。于是，依托国家同步辐射实验室，安徽省国资委、皖维与中国科学技术大学建立中国科学技术大学-皖维PVA新材料联合实验室，协同攻关PVA偏光膜。我们还与乐凯公司建立联合实验室，攻关保护膜、补偿膜等光学膜以及新能源功能薄膜等。

科技成果转移转化就像是学术和产业之间一座连接不稳的独木桥，很多人在过桥的时候掉了下去。在不断摸索和总结的过程中，我们总结出了这四个词：看清楚、想明白、做出来、卖得好。作为创新源头，先进光源帮忙"看清楚"薄膜加工中的结构演化，科研工作者"想明白"其中的科学技术原理和规律，再联合薄膜制造企业把产品"做出来、卖得好"，就能打破新能源、新型显示等战略性新兴产业的"膜咒"。

当前，依托先进光源，我们团队已经成功研发出了TAC替代膜——PET支撑膜及相应的配方原料、设备和生产工艺技术，掌握了支撑膜核心技术，可以在原有薄膜生产线基础上改进使之能够生产PET支撑膜。目前样品透光率超过90%，面内延迟值高于 8000 nm，技术指标达到甚至部分超过日本东洋纺公司水准。

先进光源负责"看"和"想"等基础和应用研究，校企联合实验室负责"想"和"做"，新型显示产业集群等相关企业负责"做"和"卖"，实现"看清楚、想明白、做出来、卖得好"全链条无缝对接。从源头创新，以科技支撑合肥"全球显示之都"，从而构筑好新型显示的创新链-产业链-价值链（图3）

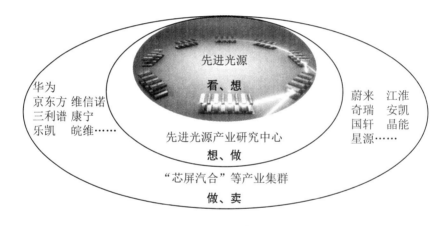

图3　先进光源——科创产业融合新模式

目前我们团队有一百多位从事工程化技术及辅助的人员，因为他们面向产业的工作导向，与学校的科研岗位要求不在一个频道，这些人并不都有学校和同步辐射实验室的编制。如何养活并运作好这样一个大团队？联合实验室就提供了一个生态圈：例如，与企业合作的经费可以承担团队工作人员的费用，同时在联合模式下，逐步将学生和工作人员培养成中试到小试的企业技术专项服务人员。培养出来的人才在高校和企业间架起一座桥梁，再输送到产业界。这些逐步成为各家企业研发部门负责人或骨干的学生又会回来继续加强与合肥光源以及先进功能高分子薄膜工程实验室的合作。

相当于这里有一片富含创新的土壤，学生就是撒向工业界的种子，了解同步辐射装置的学生进入到企业，又会助推企业更深入地与同步辐射平台合作，赋能企业的研发能力，完成一个产业界研发创新与人才培养的闭环。

传统的产学研模式中，高校的科研人才可能会因为他们对产业需求了解得不彻底，较难发挥其专业性和主动性，进而影响实践效果。联合实验室十分注重对人才的培养与发掘，通过委派研究生深入企业学习、实习，毕业的博士到合作企业从事博士后研究工作，合作企业技术人员到实验室攻读工程博士学位等方式建立起高校与企业多维联合培养模式。

在荷兰，类似联合利华、帝斯曼这样的大公司和龙头企业，他们会利用当地的装置进行产品研发，联合研发产品。这是一个非常普遍的现象。大家都知道这类装置工具，并且非常熟悉，因为了解这些装置的高校毕业生进入到了这些企业中。目前，我国产业界也在纷纷布局、加大相关工作的投入力度。

产学研合作就是慢慢蹚出来的一条路。产学研的目的就是打破政府、企业、高校或科研院所的知识流动壁垒。无论是成立研究院，还是新型研发机构，都需要有各种渠道来汇聚资源。企业与学校建立联合实验室，可以更好地利用学校的人才资源和技术资源。例如，各省市设立产业创新中心，本质上是为了吸引龙头企业和核心科学家，围绕技术聚集进而做出产业贡献，最终希望实现包括学校的人才资源、企业灵活性以及政府政策支持等创新资源的协同。大家都说要利用"政、校、企、金"

等各方资源，尽管单一获取这些资源相对容易实现，但要打通却并不容易。

如果说传统产业界合作的技术转让、联合技术开发是产学研创新体系1.0，那么开启联合实验室便是打破企业自身封闭、打通产学研链条的又一小步——产学研创新体系2.0。在联合实验室平台里，首先将知识流通起来。高校科研团队主要是技术赋能，以技术入股，负责技术运营，而大规模的生产由产业、企业负责，它们保证资金供应链，在与控股企业的合作中进行中试研发，研发出来的技术通过商业化生产阶段再吸引周边的中小企业进入，既盘活产业资金，也完成了技术的研发到应用的链条。

在这个过程中，如何再突出企业的创新主体地位，构建更富成效的产学研创新体系3.0？全球的很多科技团队还在继续探索。目前，合肥先进光源正在探索一个"先进光源＋政校企联合研发"模式，例如依托科学城，地方各级政府参与并引导聚集一批地方国有企业力量为企业主体。其中，高校、科研院所培养、输送产业创新人才；政府、公益基金及企业保证研发经费投入；高校、科研院所提供平台、大科学装置等先进技术、设备……有了这一系列保障，企业主体便可以放心提出共性的研发需求，负责出题，政府和国企投资金，院所负责答题，答题的方法和成果还可以推广应用到相关产业链企业，吸引周边中小企业进一步聚集，形成围绕先进光源的产业创新孵化基地（图4）。

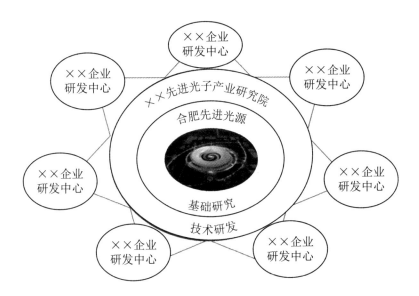

图4 未来产学研创新模式设想

未来,针对更广泛的产业需求,依托合肥综合性国家科学中心,我们将积极打造以先进光源为核心的新型科创-产业融合平台,助力创新链-产业链-价值链的互通协同。

钟 琪
中国科学技术大学特任副研究员、科技战略前沿研究中心副主任

中国科学技术大学特任副研究员、管理科学与工程博士、科技战略前沿研究中心副主任，深圳计算科学研究院战略专家，首批"科大硅谷－中国科学技术大学科技商学院－羚羊工业互联网"联合创业导师。

主要从事新能源动力电池材料、人工智能与大数据创新以及科技战略与创新管理等领域研究，负责"重大科技基础设施的创新生态集群研究""长三角科技战略研究""安徽省产业创新建设与管理的思考"等国家级、省部级课题10余项，在科技政策、科技创新领域发表了多篇科技评论和观点建议。

负责创新材料与数据智能联合实验室建设，先后参与国家未来网络试验设施合肥分中心、合肥物质科学技术中心、先进技术研究院、语音及语言国家工程实验室等创新平台建设，对前沿技术与产业现状及前景有较深入研究，有较丰富的科技成果转化及新兴产业培育经验，服务指导科创企业100多家。

大科学装置——
从科学发现到产业应用

  大科学装置是人类探索未知世界、发现自然规律、实现技术变革的重要物质基础，是突破科学前沿、解决经济社会发展和国家重大科技问题的技术手段保障，是由国家统筹布局，依托高水平创新主体建设，面向社会开放共享的大型复杂科学研究装置或系统，是为高水平研究活动提供长期运行服务、具有较大国际影响力的国家公共设施[①]。同时，大科学装置作为代表国家科技水平、创新能力的重要标志，也是科学技术突破的国之重器，在科技、经济、社会、文化发展中发挥重要作用[②]。在谈及大科学装置时，常常涉及的一个问题是：什么是大科学？

一、小科学、大科学

  1962年，美国耶鲁大学科学史教授普赖斯（Derek John de Solla Price）在其科学理论著作《小科学·大科学》中首先提出

[①] 陈和生.促进我国重大科技基础设施持续发展[J].科技导报,2020,38(10):44-46.
[②] 中国科学院文献情报中心空间光电与重大科技基础设施团队,等.趋势观察：国际重大科技基础设施布局特点及发展趋势[J].中国科学院院刊,2021,36(04):514-516.

科技之声
——来自创新的前哨

"小科学"与"大科学"的说法[①]。时至今日,"大科学"与"小科学"虽未明确定义,但特征显著。

小科学时代往往存在一个灵魂式的旗帜型人物,在某一科学领域起到灯塔效应,其研究成果往往来自个人兴趣驱动的自由探索式创新。例如,百科全书式的"全才"牛顿,在力学上提出牛顿运动定律,在光学上提出反射望远镜、衍射理论、冷却定律,在数学上提出微积分、广义二项式定理,在经济学上提出金本位制度……小科学时代里,科学家凭借着自己的"天才的灵感"常常就能取得重大发现。

大科学时代往往是群星璀璨的,随着许多科学问题的范围、复杂性不断扩大,不同国家的科学家合力突破科技难题已经成为一种必然。以电子计算机的发展为例,20世纪中期,随着工业化进程加速,人们对自动化计算和数据处理的需求与日俱增,各国为了加快军事计算和密码破译等需求,积极开展了计算机技术的研究和发展。1936年,英国数学家艾伦·图灵(Alan Turing)提出了图灵机的概念,为现代计算机的发展奠定了理论基础。1945年,美国宾夕法尼亚大学教授约翰·莫奇利(John Mauchly)和美国电气工程师约翰·普雷斯伯·埃克特(John Presper Eckert)成功研制第一台通用计算机ENIAC(爱尼阿克)。1946年,美国数学家冯·诺依曼(von Neumann)提出了EDVAC(爱达法克)方案,用二进制代替十进制的同时,进一步提高了运算速度。"爱尼阿克"是个庞然大物,配备有18000个真空管(电子管)、1500个继电器、70000个电阻器、10000个电容器,总质量高达30吨!冯·诺伊曼的改革方案也没有解决这些问题。随着1947年美国贝

---

① Price D J.Little science, big science[M].New York:Columbia University Press,1963.

尔电话实验室的威廉·肖克利（William Shockley）、约翰·巴丁（John Bardeen）和沃尔特·布拉顿（Walter Brattain）研制出了第一只晶体管，1959年美国仙童公司宣布研制出集成电路，晶体管计算机、集成电路和大规模集成电路计算机也相继问世。如今，计算机的体积越来越小，功能越来越强，价格越来越低，应用越来越广泛，人类社会由此正式开启了信息化时代。

大科学装置也逐渐成为了大科学时代跨学科合作的重要平台。大科学装置的首要特点是"大"。一是规模大，设施建设运行组织规模庞大、结构复杂，同时涉及的科学家和工程师的队伍规模也大，通常围绕一个总体研究目标，有组织、有分工、有协作、相对分散开展研究，如人类基因图谱研究、全球变化研究等都有成百上千的科学家参与这类"分布式"大科学研究；二是投资大，装置涉及的建设周期长，运行周期也长，需要国家及地方长期稳定的高强度的投资，通常投入高达数亿乃至数十亿元；三是目标大，一方面围绕前沿科学的基础问题和国家高科技发展面临的瓶颈问题来开展科学研究，另一方面用于拓展人类探索能力的自然需要，承载支撑新一轮科技创新的能力。例如深海、深地、深空、深蓝的科技战略。

二、大科学装置的创新效益遍地开花

大科学装置发挥着"科技航母"的作用，直接促进大批原始创新成果及核心关键技术的产生，通过源头创新为产业升级与集聚提供支撑[1]。以大科学装置为代表的大科学力量逐渐成为产业协

---

[1] 白春礼.大科学装置就是国之重器[N].学习时报,2021-11-10(6).

同创新以及科教科普等领域的重要平台。

1. "国之重器"更是"科技利器"

大科学装置是科学发现的手段和工具,而非目的。科学发现才是其最终目的。从历史上来看,在1950年之前,依托大科学装置获得诺贝尔奖的只有1项;到了20世纪70年代,有40%的诺贝尔物理学奖得主利用了大科学装置;1990年以后,48%的诺贝尔物理学奖主要是应用大科学装置来取得的。尤其是20世纪以来,有20多项诺贝尔物理学奖都来自大科学装置相关的工作[①]。2011年以来,我国依托大科学装置产生的成果有22项入选国家科技"三大奖",29项成果入选年度"中国十大科技进展新闻"或"中国科学十大进展",占上榜成果13.2%[②]。

当前美国已建成世界上最先进的大科学装置群,60个左右的大科学装置是美国成为世界科技中心的始发性动力源泉。例如,劳伦斯伯克利国家实验室(LBNL)由1939年诺贝尔物理学奖得主欧内斯特·劳伦斯(Ernest Lawrence)教授建立,1931年他建成了第一台回旋加速器,并开启了大科学时代。在科学界,LBNL相当于"卓越"的同义词,自建成来已发现了14种新的化学元素,1954年开始运行10亿电子伏特加速器Bevatron,1955年由此发现了反质子,后又发现了反中子。1998年,超新星宇宙学项目SCP和High-z超新星搜寻小组发现宇宙膨胀正在加速,并将其归因为神秘的"暗能量"。截至2022年,与劳伦斯实验室相关的16个科学家及团队获得诺贝尔奖、82位科学家为美国国家科学

---

① 王贻芳.尽快建成国家重大科技基础设施体系[N].瞭望,2023-2-11.

② 来源:https://baijiahao.baidu.com/s?id=1757766026403887392 1&wfr=spider&for=pc。

院院士[1]。

欧盟联合建设了一批国际领先的大型研究设施。欧洲核子研究中心（CERN）的物理学家和工程师使用世界上最大、最复杂的科学仪器来研究物质的基本成分——基本粒子。1983年在这里发现了W和Z粒子，1984年其发现者卡洛·鲁比亚(Carlo Rubbia)和范德梅尔(Van Der Meer)获诺贝尔物理学奖。1995年在这里制成了世界上第一批反物质——反氢原子，揭开了人类研制反物质的新篇章。

2. 打通大科学装置与产业创新主体的"篱笆墙"

大科学装置通常具有"高投入"的特点，通过合理的产业化引导，能够创造巨大的效益。例如用于高能物理研究的大型加速器类装置投入产出比一般在1∶3左右[2]；英国的散裂中子源ISIS通过产业化发展，投入产出比达到1∶2.14[3]；预计到2040年，欧洲散裂中子源建成之后，将给装置所在的瑞典斯科讷省带来350~3020亿瑞典克朗的GDP增长值[4]。据米兰大学和米兰工业研究中心测算，CERN大型强子对撞机（LHC）将在1993—2038年间创造约33亿欧元的净效益[5]。笔者试图通过专家访谈、文献梳理等方法，与大家分享一些大科学装置产业化发展的"他山之石"。

（1）"空间聚集+方向聚焦"，聚合聚变出产业火花

---

[1] 来源：https://www.lbl.gov/people/excellence/。
[2] 王贻芳.建设国际领先的大科学装置奠定科技强国的基础[J].中国科学院院刊,2017, 32(5):483-487.
[3] 平崎诚司.回报超过投资的141倍HGP的经济效益评价[J].生物产业技术,2011(6):4-5.
[4] 西桂权,付宏,刘光宇.中国大科学装置发展现状及国外经验借鉴[J].科技导报,2020, 38(11):6-15.
[5] 来源：https://fcc-cdr.web.cern.ch/webkit/press_material/Brochure_A5_SocioEconomic_EN.pdf。

科技之声
——来自创新的前哨

英国几乎一半现有的高能级大科学装置都位于哈维尔科学和创新园（HSIC）内，包括世界领先的第三代同步光源钻石光源（Diamond）、最具生产力的散裂中子源ISIS、世界顶级激光装置之一中央激光装置（CLF）、英国最强大的GPU超算Emerald、英国国家级的研究机构国家影像中心等[1]。据科技城（Technopolis）咨询公司报告显示，仅散裂中子源ISIS一个设施就已与超过100家企业长期合作，其投资回报率超过200%[2]。仅2021年，钻石光源通过产业化收益至少为18亿英镑[3]（图1）。HSIC充分发挥了特定大科学装置集群"磁吸作用"，吸引了空客、阿斯利康制药、本田汽车、西门子等跨国企业入驻，例如西门子耗资150万英镑于园区内建设了概念验证工厂，以测试氨作为可再生能源储能的一种形式。HSIC现已成为英国重要的科学和产业创新中心，其产业化发展模式主要有以下特点：

① 空间聚集，研究聚焦

20世纪40年代至90年代，HSIC北部是英国原子能研究和开发所（UKAERE）所在地。1957年卢瑟福·阿普尔顿实验室（RAL）在其南部建成，包括RAL在内的南部被称为奇尔顿/哈维尔科学园区[4]（图2）。1985年RAL建成了全球亮度最高的散裂中子源ISIS。截至2023年，散裂中子源ISIS周边已陆续建成了钻石光源、中心激光装置（CLF）、空间科学与技术研究装置、中心微型结构装置、能源研究装置、无线电通信研究装置、分子谱研究

---

[1] 来源：http://www.basic.cas.cn/dkxzz/GJDKXZZ/201409/t20140926_4215595.html。
[2] 来源：https://www.isis.stfc.ac.uk/Pages/annual-review-2016.PDF#search=return%20on%20investment。
[3] 来源：https://www.diamond.ac.uk/Home/News/LatestNews/2021/26-05-21.html。
[4] 来源：https://en.wikipedia.org/wiki/Harwell_Science_and_Innovation_Campus。

装置等众多大科学装置，形成集群优势。随着UKAERE核设施退役，2006年，政府正式宣布成立HSIC，于北侧区域逐步增加了企业研发、科学服务、租赁式办公等产业转化业态，并在更远的外围区域规划了完整的大学区与住宅区，逐步实现了"学、研、产、居"的圈层式空间融合①，HSIC从大科学装置集中区升级为区域创新集群。

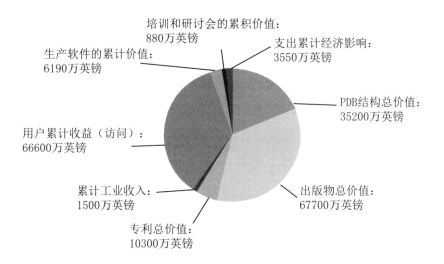

图1 钻石光源部分产业化收益图②

---

① 来源：http://howxidea.com/archives/307。

② 来源：https://www.technopolis-group.com/report/socio-economic-impacts-of-diamond-light-source/。

图 2　卢瑟福·阿普尔顿实验室[①]

聚集起的一系列大科学装置研究方向一致且互为补充。例如，钻石光源、散裂中子源ISIS、中心激光装置这三大装置，都专注于研究无机或有机材料的微观结构，且在细分领域互为补充。钻石光源和散裂中子源ISIS被视作理想的"探针"，主要用于探测不同原子的轻重差异，是对物质本身的基本探测，对于原子之间相对距离的高精度测量，还需要大型激光装置的辅助[②]。各装置以不同的深度和广度对物质的性能和微观结构进行测量，从而能够全面而准确地表征研究对象。这种综合的测量能力促进了研究人员在材料制备、信息技术、药物开发等前沿交叉领域的研究和开发。园区现已聚集超过200个组织，并形成了能源技术、健康科技、太空和量子四大领域集群。

② 投入的不仅是"装置"，更要有"科学服务者"

科研辅助服务对现代化科研体系起到重要支撑作用。大科学装置不是一个孤立的设施，需要更多专业的科研辅助人员。HSIC

[①] 来源：https://commons.wikimedia.org/wiki/File: RAL_Aerial_View_—_2016_(38543565711).jpg。

[②] 来源：http://www.wahenyida.com/news/show-88.html。

借助大科学装置以及专业科研辅助人员，聚焦企业需求，精准对接，靶向施策，让企业了解设施如何帮助他们的研究，进行实验和数据分析。例如散裂中子源ISIS专门分配15%的研发机时，用于企业合作推进产业化的技术应用，同时为降低工业用户利用大科学装置进行创新活动的门槛，设立了产业合作研发项目（ICRD），与劳斯莱斯、联合利华等100多家企业长期合作，给予免费使用光束时长等诸多权益[①]。而这些实验测试，离不开众多专业的调试操作员、系统研制工程师以及运行管理等科研辅助人员的协同参与。

衔接好前端"创新链"与后端"产业链"，但"别把科学家逼成会计"。为让科学家潜心科研，HSIC将技术转移转化工作托付出去，请专人做专事。园区内引进了诸多专利产权服务、技术转化与商业化、公共关系服务等各项辅助工作的专业人员。园区为每一个新加入的企业提供专业的集群经理作为联系人。集群经理熟悉该企业所在的行业和集群网络，能够定制化地组织活动，促进该组织与其他合作伙伴的联系，帮助寻找机会并实现业务增长。全球四代测序引领者牛津纳米孔公司2018年加入能源技术集群，在集群经理帮助下针对该企业的需求进行定制化设计和建造，于2019年建成超过3200 m²的新高科技制造工厂。集群经理还帮助该企业联系大科学装置的实验人员，利用大科学装置进行开发和测试，实现了产品和技术的快速迭代。

（2）"异地转移"，实现高效资源联动

成立于1954年的欧洲核子研究中心目前拥有23个成员国，作

---

① 来源：https://www.isis.stfc.ac.uk/Pages/The-ISIS-Industrial-Collaborative-R%26D-Program-goes-from-strength-to-strength!.aspx。

科技之声
　　——来自创新的前哨

　　为世界上最大的粒子物理研究中心,运营着一个由9个加速器和2个减速器组成的综合体,例如,质子同步加速器(PS)、超级质子同步加速器(SPS)、大型强子对撞机(LHC)以及反质子减速器(AD)等[①]。2022年,CERN有超过32%的运行预算,通过采购物资和服务返还给工业界,确保其成员国获得相应回报。基础物理学相关产业包含机电、土木、能源、信息通信、交通、生命科学、太空科技等,对欧洲国家的影响达GDP总量的15%。其中,仅CERN的存储分析数据框架ROOT,被广泛用于电信、航空航天、金融保险等行业,进行欺诈行为分析,可创造价值高达54亿欧元[②]。

　　以大科学装置为创新起点,CERN通过聚焦新兴技术供给"精准匹配",借助遍布欧洲的孵化网络散播前沿成果,打造出"异地转移"模式,在航空航天、生物医学、能源等多个应用领域内都发挥着突出的作用。1997—2002年约38%的高技术合约衍生为新产品或企业。2018年完成44项知识转让合同,衍生新产品和初创企业共28项。2019—2022年累计完成183项知识转让合同[①]。CERN产业化模式的关键在于高效的技术转移,以"成果产业化"为目的,成立了知识转移集团(KT),建立了从内部信息互通到外部协同共享的合作网络,引导科研人员与企业共同完成技术成果交易。

　　KT通过构建内部成果库,打造技术"蓄水池",充分收集了CERN研发成果,成立INET作为各部门内与知识和技术转让有关的所有事项的协调中心,促进KT与CERN各部门之间知识转

---

① 来源:https://home.cern/science/accelerators。
② 来源:http://cds.cern.ch/record/2857560?ln=en。

移相关主题的信息互通,帮助研发人员了解所研发技术的应用潜力并将所有知识成果汇总,给予包括提供技术的市场评估、专利权研究、合同谈判、财政支持、协助创建衍生产品等多种服务。

不仅做好技术成果"蓄水池",KT还积极拓宽外部支持边界,在创新生态的"热带雨林"中发现更多创新种子。KT构建了将科技创业者与投资者和孵化器联系起来的平台CVC,在奥地利、希腊、意大利等成员国建立了一个由十个孵化中心组成的合作网络(简称BIC),将CERN的技术和专业知识推向市场。BIC会将企业和CERN技术之间进行匹配(图3),进而提供技术访问、技术咨询和服务以及知识产权许可等措施来支持初创企业。

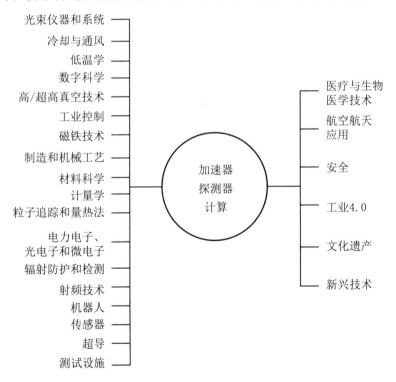

图3 技术匹配示例

初创公司可以利用CERN的先进设施与技术,在新领域进行创新应用,最大限度地释放其发展潜力。只要位于CERN成员国之一或准成员国内的初创公司便可向BIC提出申请。以BID奥地利企业孵化中心为例,收到申请后,BIC与KT先对其合作潜力进行评估,确认通过筛选的初创公司,再与其进一步讨论如何获得CERN的技术及后续推广计划。BIC会联系相应的CERN技术专家,制定一项单独协议,免费提供40小时的科学支持,为期18个月的辅导,以及关于商业规划、团队建设、政府基金、私募股权以及在科学和工业领域寻找合作伙伴的各项建议。此外,BIC还将帮助其争取诸如奥地利促进银行(AWS)和奥地利研究促进机构(FFG)等资助。

(3)"全链条合作",从"人才集聚"到"产业开花"

坐落在阿尔卑斯山脚下的法国东南部边陲小城格勒诺布尔,现已成为学术界和工业界的创新中心,从一座小城变成了"欧洲的硅谷",先后走出6位获得诺贝尔奖的科学家,共有10个大型国际实验室和国家级科研机构。经过70余年发展,格勒诺布尔通过大科学装置产业化路径带动当地经济蓬勃发展,其中的格勒诺布尔先进新技术创新园(GIANT)每年贡献的相关经济效益高达41亿欧元,占格勒诺布尔-阿尔卑斯地区整体经济产出的1/4。[1]

重视知识和人才的"溢出效应",打造人才聚集"高地"。格勒诺布尔于20世纪50年代末开始建设高教园区。目前该园区汇聚了格勒诺布尔阿尔卑斯大学、格勒诺布尔综合理工学院、格勒

---

[1] 来源:https://www2.deloitte.com/cn/zh/pages/public-sector/articles/world-class-science-cities-vol-1.html。

诺布尔政治学院等一流大学，容纳了学生以及研究人员、工程师和管理人员等6万余人，高校之间共享宿舍、图书馆等基础设施和教学服务部门，促进了优质教育资源共享。由于大科学装置多数由大学教授牵头或参与建设和运行，科研机构同大学的关系十分密切，科研机构的一些直属或协作实验室设在格勒诺布尔的大学中，人员经费都由大学承担，其研究人员可直接参加学校的教学活动，并同校内科研人员合作研究。格勒诺布尔大学有90%的科研人员在科研中心的单位工作。同时，诸如格勒诺布尔核研究中心的学术委员会中，有一半成员由格勒诺布尔大学的教授兼任。

为完善与其他创新主体对接机制，格勒诺布尔联合大科学装置与相关研究机构及企业构建创新联合体，形成了科学研究与产品研发的"一条龙"体系。2002年四大国际顶尖科研机构（ESRF、ILL、EMBL、IBS）和企业联合成立了结构生物学联合体（PSB），旨在同心协力，创建卓越优化的结构生物学中心，更有跨国制药公司如美国辉瑞公司、英国葛兰素史克公司、法国安万特公司等纷纷加盟。为了鼓励合作和加速创新，2006年微纳米技术竞争力集群（MINATEC）正式成立，汇集了3000名研究人员、1200名学生和600名工业和技术转让专家，每年申请近350项专利，签署1600多份出版物，并在光电、生物技术、电路设计等领域创立了许多企业。

MINATEC打通了从技术转移到工业应用中的学生培养、基础研究和应用研究整个创新链，进而确立了基础研究、应用研究和工业生产紧密合作的"全链条合作"模式。为进一步放大这一创新模式的发展潜力，代表高等教育界的格勒诺布尔管理学院、格勒诺布尔理工学院、格勒诺布尔阿尔卑斯大学，代表科研机构的CEA、CNRS和3个国际大科学装置（EMBL、ESRF、ILL）在内的8个国际机构组成联盟，成立了GIANT，致力于在高等教育、研究和工业之间建立新的联系，加快从基础研究到工业研发的创新。如今，该园区汇集了10000名研究人员、10000名学生和10000个产业工作者，促进了高校与科研机构的研究人员与企业研发人员之间集约化混编，营造了学科发展和机构协同的一流创新生态。所有GIANT合作伙伴都在以各种方式，将基础研究产生的科学知识从创新过程的各个阶段转移到潜在的市场应用。这种对GIANT生态系统的持续灌溉促进了产业创新，每年产生700项以上专利，过去10年间孵化了500家以上的初创企业，并吸引了法国农业信贷银行、施耐德电气公司、阿尔斯通公司、泰雷兹集团及意法半导体集团等巨头企业纷纷驻场。

三、让科学的"种子"生根发芽

科技创新、科学普及是实现创新发展的两翼。科学精神需要在"飞入寻常百姓家"的过程中，不断滋养创新土壤，尤其是针对青少年的科学兴趣培养，可以让科学的"种子"从小生根发芽。大科学装置具备天然的科技创新支撑作用和科普价值，同时，通过面向公众讲解科学、增加研究工作的透明度，能够为科研工作谋求公众与政府的更多支持。为此，各国依托大科学装置开展了形式多样、卓有成效的科普活动。

一是构建科普动力，专门组建与培训专业化科普团队，并将科普纳入设施规划或考核指标之一，与立项审批、经费支持挂钩，鼓励科学家在科学传播中发挥更大作用。美国国家科学基金会、德国科学基金会以及英国研究理事会等，已将鼓励科研人员组织、参与科学传播作为项目申请与结题的明确要求之一，与项目价值评估直接挂钩。

二是完善科普资源开发，重视科普馆、博物馆等科普配套设施建设，充分开发设施本身所具备的科普观摩价值，如顺势开发"科普旅游"。中国天眼FAST通过建设科普基地，配套国际天文体验馆等设施，打造出天文研学打卡点和中国天文科普基地，截至2023年5月，累计接待访客280万人。[①]美国能源部最大的多学科实验室橡树岭国家实验室（ORNL）通过美国能源部巴士之旅提供实验室参观，并有专门的导游讲解其历史与研究情况。

三是创新科普形式，拓展社交媒体互动、混合实景、立体展示等多元互动科普方式，提升科学学习的"游戏性"与群众参与度。美国喷气推进实验室（JPL）充分利用社交媒体等传播渠道，截止2023年10月，其在Twitter收获380万粉丝，发布了11300多条帖子[②]。国家同步辐射实验室（NSRL）在中国科学技术大学2023年科技活动周中，设置"追光"爱国主义教育基地展厅、视频展厅、模型展厅和关键设备实物展，开放合肥光源储存环大厅，吸引了8000余名中小学生及家长参观。CERN设置了永久性科普展示的标志性建筑"科学与创新球"，2021年至2023年，环球剧场举办了约40场外展活动，吸引了超过15000名参与者参与科学相关讨论[③]。

四是针对专门群体，提供定制化科普活动。例如，CERN针

---

① 来源：https://mp.weixin.qq.com/s/eeeNnP1Blpu0DF3BXJIRgQ。

② 来源：https://twitter.com/NASAJPL。

③ 来源：https://cernandsocietyfoundation.cern/our-work/globe-science-innovation。

科技之声
——来自创新的前哨

对儿童提供实验室研讨会、科学节目等定制化实验活动；为帮助女童发现自身兴趣和潜力，提供女性科学家榜样作用，开展"拓展你的视野"活动，2022年第七届活动中共有300多名11~14岁的女孩参加[1]；针对教师人群进行科学传播，帮助教师了解粒子物理学和相关领域的最新发展。国际高中教师方案（ITW）向世界各地高中科学教师开放，就粒子物理及其融入课堂的各种主题进行合作学习。

五是从科学家到"科普家"，做好科学知识的"搬运工"。橡树岭国家实验室不定期举办研讨会和讲座，邀请著名科学家，向公众科普最新的科研动态，为公众提供和科学家互动的机会。与NASA合作密切的科学家卡尔·萨根（Carl Sagan）其代表文学作品《宇宙》《接触》等被全世界读者所喜爱，《宇宙》销量超过700万册[2]，同名纪录片广为传播，全球已有数以亿计的播放量，很多孩子因为这部纪录片，对宇宙科学产生了极大兴趣。

从0到1的原始创新，再到从1到100的产业化发展，往往面临着艰难且漫长的转化周期。美国作家默温说："希望不是未来的东西，它是看见此刻的方式。"作为突破科学前沿、解决经济社会发展和国家重大科技问题的重要物质基础和技术保障手段，大科学装置是"国之重器"，也是"科技利器"，帮助我们探索更多"从0到1"的想象。科技创新成果本质上是造福人类的成果，产业化创新则更直接影响到人类现实与未来的生活与福祉。"他山之石，可以攻玉。"对于"大科学装置"成果产业化发展模式以及实践路径我们还将继续思考学习。

---

[1] 来源：https://home.cern/news/news/knowledge-sharing/expanding-your-horizons-new-generation-inspired-women-science。

[2] 数据来源：https://movie.douban.com/subject/1422169/。

五

未来已来

陈晓剑
中国科学技术大学教授、科技战略前沿研究中心主任

中国科学技术大学教授、科技战略前沿研究中心主任、博士生导师，国务院特殊津贴专家。

近年来，关注长三角科教创新与人才培养工作，担任长三角地区一体化发展决策咨询专家(首批聘请全国十名专家)、安徽省推动长三角一体化发展专家咨询委员会常务副主任、浙江省推进长三角一体化发展专家咨询委员会专家、中共杭州市委杭州市人民政府咨询委员会副主任。以创新范式与科技战略管理为研究核心，承担了一系列科学技术部、中国科学院和有关省市战略规划与科技咨询课题，在新华社内参、人民网、上观网、《解放日报》、《新华日报》、《中国科学报》等媒体发表了多篇科技评论和观点建议。

科学家研究世界的本来面目，工程师创造不曾有的世界

最近，中国科学技术大学少年班学院组织编写和出版了《科学、技术与工程导论》一书，读后感触颇深。其原因不仅在于它作为一本通识性教材对于学生思维习惯的培养、学科边界的开拓等有着直接的影响，更在于该书激发人们思考关于科学、技术和工程这三者关系在当下现实意义。

从历史上看，发轫于"五四"时期的"赛先生"与"德先生"，并没有彻底摆脱孟子关于"劳心者治人，劳力者治于人"之中国传统文化底色，"万般皆下品，唯有读书高"依然规制着我们对近现代科学的认知和行为，这就是对"思"与"智"的推崇，而对"工"和"器"的贬抑。此情此景，难免造成科学与技术（工程）的疏离，"家"与"匠"的落差。事实上，西方近现代科学的产生与发展，得益于"器"的发明和使用，并推动了（科学活动中的）技术的产生与发展，以及科学与技术的原始互动。于是，科学革命和产业革命在西方相继爆发，深刻地改变了人类历史。

为此，简要地重温科学技术的发展历程及代表性观点，重申

关于科学、技术与工程三者之间的共生关系,在科技创新驱动发展的当下阶段具有十分现实的意义。

一、科学、技术与工程互相依赖、交叉与转化

《剑桥高阶词典》将"science"(科学)解释为那些通过仔细研究客观世界,尤其是通过观测、测量、实验得来的知识;将"technology"(技术)解释为利用那些运用科学事实的,实践化的,尤其是工业化的研究和知识[①]。工程则更多被认为是一门应用科学,它通过创造性的活动和技术性的方法,解决问题并创造新的工程产品,以实现特定的目标和价值[②]。《科学、技术与工程导论》中,认为科学是真理导向的,关注万事万物背后的原理;技术是性能导向的,追求不断提高的性能指标;而工程是价值导向的,其最终目的是要获得产品、产生价值[③]。

总的来说,三者的关注点各有不同,科学在于寻找方向,发现自然界的规律,并形成系统的理论知识指导工程与技术应用,它强调长期性和沉淀性;技术是为了解决问题,通过总结实践的经验而得到的所有方法、工具、设备、过程和规范的总和,它强调可重复性,依靠可复制性[④]。工程则是综合运用多门科学技术来构建、设计和创造效率更高、效果更好的方法,并进行大规模改造世界的活动,它强调先进性和可行性。正如荷兰作家瑞尼·雷

---

① McIntosh C. Cambridge Advanced Learner's Dictionary[M]. 4th ed. Cambridge: Cambridge University Press, 2013.

② Poser H. On Structural Differences between Science and Engineering[J]. Society for Philosophy and Technology Quarterly Electronic Journal, 1998, 4(2): 128-135.

③ 李震宇. 科学、技术与工程导论[M]. 合肥:中国科学技术大学出版社, 2023.

④ 钱学森. 论技术科学[J]. 科学通报, 1957, 3:97-194.

吉梅克(René Raaijmakers)在《光刻巨人：ASML崛起之路》中详细描述的那样，荷兰阿斯麦（ASML）公司生产的光刻机占领市场的过程就体现了科学、技术和工程之间的关系（图1）①：科学家必须寻找光刻胶的各种成分组合及其特点，并寻找不同材料的物理特性，得出有关分辨率、折射率、吸光系数、热传导性能等不同维度的参数特性；工程师据此设计出光刻机，并进一步测试验证和改进；技术人员则利用各种工具和经验进行实际操作。这也印证了钱学森先生的观点：在任何一个时代，我们都需要自然科学家、技术科学家和工程师②。

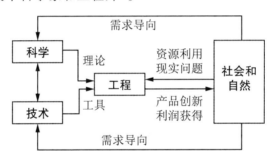

图1　科学、技术与工程的关系③

1. 科学和技术在解释现在和创造未来中交替前进

16世纪中叶到17世纪末之间的近150年，以伽利略、哥白尼、牛顿为代表的科学家带来了第一次科学革命，近代自然科学体系诞生。18世纪初，牛顿、伽利略等科学巨人引领的科学革命

---

① Raaijmakers R. 光刻巨人：ASML崛起之路[M]. 金捷幡,译. 北京：人民邮电出版社,2020.

② 钱学森. 社会主义现代化建设的科学和系统工程[M]. 北京：中共中央党校出版社,1987.

③ 来源：https://www.researchgate.net/figure/Relationship-among-science-engineering-and-technology-Marjoram-and-Zhong-2010_fig1_236894920。

科技之声
——来自创新的前哨

归于沉寂,欧洲仍然是一片农业社会的景象[①]。英国的产业革命基本在与理论科学研究完全无关的情况下爆发[②],自1733年英国机械师约翰·凯伊(John Kay)发明了飞梭,纺织业随即迅速成为世界第一大轻工业。到1790年,英国发明家詹姆斯·瓦特(James Watt)改良的蒸汽机几乎全部取代了纽可门蒸汽机,采矿业和冶金业迅速发展。第一次工业革命改变了所有既有行业,并催生了更多新技术,且这些技术创新大都是由工程师、工匠、技师从实践出发推动而来[③]。

19世纪之前,人们对电的认识极为有限。1820年,丹麦物理学家汉斯·奥斯特(Hans Ørsted)在一次讲座上,将一条非常细的铂导线放在一根用玻璃罩罩着的小磁针上方,接通电源的瞬间,发现磁针跳动了一下。这一跳,奥斯特惊喜万分,竟激动得在讲台上摔了一跤。而后他在实验报告中正式宣告发现了电流磁效应。随着安培定律、法拉第电磁感应定律等被发现,电磁学理论得到了巨大发展,工程师们随后便纷纷投身其中。例如,英国物理学家迈克尔·法拉第(Michael Faraday)在电磁学上的发现,促使两种重要的实用仪器得以成功研发[④]:其一是电报,成为了通信革命的开端;其二便是电动机和发动机,人类社会得以步入电气时代。

至此,科学成为技术发明的源头,科学发现为技术创新提供

[①] 麻省理工科技评论.科技之巅[M].北京:人民邮电出版社,2017.
[②] 吴国盛.科学的历程[M].长沙:湖南科学技术出版社,2018.
[③] Schwab K, Davis N.第四次工业革命[M].世界经济论坛北京,译.北京:中信出版社,2018.
[④] Crump T.制造为王:发明、制造业、工业革命如何改变世界[M].陈音稳,译.北京:中国科学技术出版社,2023.

指导和支持的时代来临了①。正如麻省理工学院教授、曼哈顿计划的提出者和执行人范尼瓦·布什(Vannevar Bush) 在著作《科学：无尽的前沿》中指出的那样，"基础研究是技术进步的引领者，这一点比以往任何时候都更接近真理。"②

到了19世纪中后期到20世纪中叶，以进化论、相对论、量子论等为代表的科学突破引发了第二次科学革命，自然科学理论发生根本性变革，科学发展由宏观领域进入微观领域，科学与技术交替前进的循环逐渐形成。此时，技术并不仅仅是科学的应用，技术同样也是推动科学前进的重要推力。斯坦福大学研究员布莱恩·阿瑟(Brian Arthur)在《技术的本质》一书中指出，技术不是科学的副产品，而是从科学和其技术自身的实践经验两方面建立起来的。试想，如果没有X射线衍射的方法、设备以及提取和纯化DNA所必需的生化方法（图2），1953年美国生物学家詹姆斯·杜威·沃森（James Dewey Watson)和英国生物学家、物理学家弗朗西斯·克里克（Francis Crick)还会不会发现DNA双螺旋的结构③？美国西北大学教授王大顺和美国物理学家艾伯特·拉斯洛·巴拉巴西(Albert László Barabási)也在合著的《给科学家的科学思维》一书中指出，科学革命通常由新工具的发明所驱动，显微镜、望远镜、基因组测序等工具和技术的发明从根本上改变了我们对世界的感知、度量和推理能力④。

---

① Forman P.The Primacy of Science in Modernity, of Technology in Postmodernity, and of Ideology in the History of Technology[J].History & Technology, 2007, 23(1): 1-152.

② Bush V, Holt R E.科学:无尽的前沿[M]. 崔任刚, 译. 北京:中信出版社,2021.

③ Arthur B.技术的本质[M]. 曹东溟,王健,译. 杭州:浙江人民出版社,2011.

④ 王大顺，Barabási A L.给科学家的科学思维[M].贾韬,汪小帆,译.天津:天津科学技术出版社,2021.

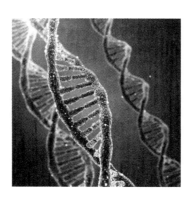

图 2　DNA 分子双螺旋结构[1]

科学和技术有着各自不同的发展规律。德国历史学家约阿希姆·拉德考(Joachim Radkau)在《德国技术史》中这样总结道:"科学的法则是对知识的追求,技术的法则是对有用物件的开发。"[2]科学的目标是真理,即理解自然并发现其规律,而技术的目标是有用的知识,即有助于实现设计或生产技术设备等实际目标的知识[3]。科学在追求知识的过程中,发现新事实和发展新概念,寻找着对世界本源等深层次问题的解答,技术在发明创造中创造未来。尽管科学和技术的发展规律不尽相同,但二者以一种共生方式进化着,每一方都参与了另一方的创造,一方接受、吸收并使用着另一方。两者不可分离,彼此依赖[4]。

值得注意的是,伟大往往不是计划出来的。从 0 到 1 的创新伴随着科学重大发现和发明的突破式纵向创新,极具偶然性,需要

---

[1] 来源:https://baijiahao.baidu.com/s?id=1772020795895595476&wfr=spider&for=pc。

[2] Radkau J.德国技术史:从18世纪至今[M].廖俊,饶以苹,陈荧超,译.北京:中国科学技术出版社,2022.

[3] Boon M.In Defense of Engineering Sciences:On the Epistemological Relations Between Science and Technology[J].Techne:Research in Philosophy & Technology,2011,15(1):49-71.

[4] Arthur B.技术的本质[M].曹东溟,王健,译.杭州:浙江人民出版社,2018.

的是"横向思维"。"横向思维"的概念最初由法国心理学家爱德华·德·波诺（Edward De Bono）提出，"是一种打破逻辑局限，将思维往更宽广的领域拓展的前进式思考模式"。突破不会在人们按照既定模式工作时发生，而产生于预设被抛弃、规则被忽视、创造力涌现时[①]。正如英国病理学家霍华德·弗洛里（Howard Walter Florey）偶然从水果店的烂西瓜里得到了青霉素，阿基米德在洗澡的时候突然发现了浮力定律，毕加索和乔治·布拉克（Georges Braque）摒弃既定的有关比例和透视的规则从而打开立体主义的先河。马塞尔·普鲁斯特（Marcel Proust）曾言："真正的发现之旅不在于寻找新的风景，而在于拥有新的视角"。与人类的视觉原理一样，科学家们所具有的"横向思维"通过"周边视角"，感知、解读来自其直接关注领域外的微弱信号并对其采取行动，进一步提升了其新发现、新发明。这印证了两位OpenAI研究员、人工智能科学家肯尼斯·斯坦利（Kenneth Stanley）和乔尔·雷曼（Joel Lehman）在《为什么伟大不能被计划》一书中抛出的观点，伟大往往发生在对目标之外的事物进行积极主动地探索，以及在不断寻找新奇事物的过程中寻找下一块"踏脚石"[②]。

2. 从追随者到引领者，工程是技术的综合集成

法国物理学家、1926年诺贝尔物理学奖获得者让·巴蒂斯特·佩兰(Jean Baptiste Perrrin)说："那些声称专门研究科学技术史的研究中心把95%的精力花在了科学上，花在技术上的只有

---

① 莫洛·F.纪廉.趋势2030—重塑未来世界的八大趋势[M].曹博文,译.北京:中信出版社,2022.

② Stanley K,Lehman J.为什么伟大不能被计划:对创意、创新和创造的自由探索[M].彭相珍,译.北京:中译出版社,2023.

5%。"① 然而，相比于科学与技术，一直以来，工程似乎更是被忽略的一个领域。谢菲尔德大学教授哈里·阿米蒂奇（Harry Armytage）在《工程社会史》中曾提出，令人震惊的是，工程一直是被忽视了的领域②。

技术作为工具，是支撑和推动工程实践的核心力量。但工程并不是简单的技术叠加，不是一个追随技术而生的成果。工程的解决方案也可发展成新技术的新构件③。例如，2017年建成的青海共和至玉树高速公路穿越了227公里的冻土地带，是世界首条高海拔、高寒多年冻土区高速公路。冻土对高速公路建设的影响巨大。当温度降至零下时，冰体会将土颗粒牢固地包裹起来，坚硬如铁，而当温度升至零上时，内部冰体融化，土体又变成了稀泥。冻土科研工作者和工程人员相继攻克了诸如大尺度路基冻土融沉防控等多个世界性工程技术难题，创建了冻土公路尺度效应理论与能量平衡设计方法，以及我国独有的高海拔多年冻土公路建设养护技术体系。在实现多项关键技术与施工方法的自主创新的同时，也将先前在如青藏铁路等冻土区工程建设中的多项先进技术进一步改进，诸如创造性地将热棒与工业保温材料复合，冬季利用热棒热量传导效能散热，夏季利用保温材料的隔热功能阻断热量的导入等④。工程建造通过技术实践得以显现，技术突破同样需要依靠工程需求来推动。

同时，现代工程技术突破也愈发难以依靠单个技术突破而实现，更多地依靠多项技术创新的叠加式应用。科罗拉多州立大学

---

① Scheps R. L'empire Des Techniques[M]. Paris:Seuil,1994.
② Armytage H A. Social History of Engneering[M].Cambridge:The MIT Pess,1961.
③ Arthur B.技术的本质[M].曹东溟,王健,译.杭州:浙江人民出版社,2018.
④ 知乎.大国重器[M].合肥:中国科学技术大学出版社,2022.

研究员万维钢在为中文版《芯片战争》所作序中这样写道:"从芯片设计软件到光刻机,再到硅材料,每一个步骤都需要很多个聪明人的奇思妙想,这里没有'大力出奇迹'。你需要成千上万个'邓稼先'和'于敏',而且他们必须都在自己的行业里做得树大根深。"[1]例如新能源汽车的发展(图3),信息技术与材料技术交叉融合,铁锂电池、刀片电池等多项电池创新技术不断推新,工艺上跟进一体化压铸,推出了集成电驱动系统,完善了充换电网络,DHT插电混动技术、永磁同步与感应异步电机、800 V高压快充等多技术纷纷涌现。如今,超充终端最快可实现充电1 s跑1 km。

图3 新能源汽车产业生态

当科学面临未解之谜时,技术和工程同样可以挖掘出创新的空间。科学家认为,20世纪下半叶世界高技术产业的快速发展主要基于20世纪初期和中期的相对论、量子理论、分子生物学等基础研究的突破,从20世纪后期开始,基础研究处于相对"沉寂"

---

[1] Miller C.芯片战争:世界最关键技术的争夺战[M].蔡树军,译.杭州:浙江人民出版社,2023.

状态[①]。随着1957年苏联卫星上天，美国开始重点专注关键技术重点领域的开发研究和商业化，组织了阿波罗登月计划、人类基因组计划等科学工程计划，将许多军用科技民用化，以技术工程研究带动基础科学研究和技术商业化。例如在人类基因组计划中，基因重组和基因改造也被用于动植物的培育，既可以增强农作物对除草剂和虫害的抵抗力，还能够达到增产目的。美国大豆和玉米生产中的90%以上已经转基因化。当时苏联的高科技研究成果民用转化率仅有10%到20%，而美国却有80%的成果被转化为生产力。此举既造就了硅谷的繁荣，也催生了众多的诺贝尔奖得主。

然而正如钱学森在《工程与工程科学》中指出[②]，在科学与工程技术之间已经形成了一个独立的学科体系，这就是工程科学。工程实践带动技术突破，技术突破促进科学发现，工程经验的累积及系统化地传承是一个重要的工作，然而目前还没有得到足够的重视[③]。

3. 科学家精神不断拓展知识边界与创新空间

20世纪初，物理学家们心情愉悦，认为物理学的天空一片晴朗，物理学的大厦已经建成，许多重大的物理问题都有了答案，甚至德国物理学家、量子力学奠基人之一的马克斯·普朗克(Max Planck)当初在决定进军物理学界时都被老师劝告："这门科学中的一切都已经被研究了，只有一些不重要的空白需要被填补"。

[①] 梁建军,孙晓仁.21世纪科学技术发展新特点[J].科技管理研究,2010,30(10):241-244.

[②] Hsue-Shen Tsien.Engineering and Engineering Sciences[J].J of the Chinese Institution of Engineers,1948,6:1-14.

[③] 钱学森.钱学森手稿[M].太原:山西教育出版社,2000.

然而，仍然有科学家对科学的"沉寂状态"发出了不同的声音。1900年英国物理学家开尔文（L. Kelvin）在英国皇家研究所作了一次影响深远的演讲，他声称物理学晴朗的天空中还有两朵乌云，一个是电磁波的媒介以太还没有找到，另一个是电磁波的能量均分定理，即无法确定一定温度下各种电磁波的能量是多少的问题。这两朵乌云引发了物理学家们的思考，促生了现代物理学两大支柱理论的诞生，一个是热辐射能量问题直接引出了一门新理论——描述微观世界的量子力学；另一个则是以太理论，引出了爱因斯坦和描述宏观时空的相对论理论。

当科学面临"沉寂状态"时，鲜活多元的科学家精神总能不断拓展知识边界与创新空间。根据研究动机是否为个人兴趣，研究经费是否个人独立，或者学术理论与实际应用是否相结合，可以将科学家分为绅士科学家和职业科学家。二者的典型特征是，前者以兴趣导向为主，专注知识理论发现；后者更多专注于目标导向，运用科学和技术，甚至工程进行现实应用。

例如，知名的绅士科学家列文虎克（Leeuwenhoek）改进了显微镜并建立了微生物学，同时他又是一位布料商人。发明了避雷针和提出电荷守恒定律的科学家本杰明·富兰克林（Benjamin Franklin）同时也是一名印刷商和出版商、作家、外交官、政治家……这些所谓的绅士科学家往往具有一些显而易见的共同特征，如有能力自行承担大量资金去支持科学研究，不存在固定的自然科学职业领域，并具有强烈的想象力，出于兴趣爱好探索未知、发现自然奥秘，但他们往往只能通过自学、私人收集标本和图书馆阅读等途径来获得知识和研究材料。

职业科学家是西方现代科学发展几个世纪的结果。19世纪末,科学研究更多地被视为提升国家实力、改善物质福利的一种手段,科学受到广泛的重视,科学变成一种专门化、职业化的工作。科学家主要是全职的专业人士,把科学研究作为自己谋生的职业,以自己的科研成果换取物质和精神生活资料,而不再是兼职的业余爱好者或者通才。随着科学研究的深入,研究难度越来越大,他们开始需要外界的财政支持以获取实验设备,需要经过正规训练,而且越来越专业化,以至于分为许多具体的学科,如化学、物理学、天文学、生物学以及一些分支学科如有机化学和遗传学[1]。

英国哲学家赛亚·伯林(Isaiah Berlin)在他的小品文《刺猬与狐狸》中,将人分为"刺猬"和"狐狸"两类。狐狸知道很多事情,能够设计无数复杂的策略偷偷向刺猬发动进攻,狐狸从早到晚在刺猬的巢穴四周徘徊;而刺猬则毫不起眼,遗传基因上就像豪猪和犰狳的杂交品种,心里只有一件大事,就是寻觅食物并照料家。后来,美籍英裔物理学家弗里曼·戴森(Freeman Dyson)在其作品《一面多彩的镜子》中认为,科学家也分为"刺猬"和"狐狸",他把在业余时间组织小项目研究的人比喻为"狐狸","狐狸"对什么都感兴趣,很容易从一个问题转向另一个问题;把全身心投入大项目的研究人员喻为"刺猬","刺猬"只对自己认为重要的几个根本性问题感兴趣,可以数十年坚持钻研同一组问题,进行一个问题导向的理论创新。戴森认为"刺猬"占主导地位的时代与"狐狸"占主导地位的时代是交替出现的[2]。例如,17

---

[1] Spangenburg R, Moser D K.The Age of Synthesis:1800—1895[M].New York:Facts on File,2004:148.

[2] 弗里曼·戴森.一面多彩的镜子[M].肖明波,杨光松,译.杭州:浙江大学出版社,2014.

世纪由德国天文学家约翰尼斯·开普勒(Johannes Kepler)、牛顿等刺猬型科学家占主导地位，18世纪由瑞士数学家莱昂哈德·欧拉(Leonhard Euler)、美国物理学家本杰明·富兰克林等狐狸型科学家占主导地位，20世纪初爱因斯坦、英国物理学家保罗·狄拉克(Paul Dirac)等刺猬型科学家又占据主导地位，20世纪中期美籍意大利物理学家恩利克·费米(Enrico Fermi)、美国物理学家查尔斯·哈德·汤斯(Charles H. Townes)等狐狸型科学家又开始出现。

自现代科学诞生以来，职业科学家中总有旗帜型人物在某一科学领域起到灯塔效应。例如，狄拉克年仅23岁就跻身量子力学奠基人之一，曾任剑桥大学的卢卡斯数学教授，后进入佛罗里达州立大学度过人生的后十四个年头。即使是在晚年，狄拉克只要身在佛罗里达州立大学也能发挥作用，以他名字命名的狄拉克方程也成为一个象征符号，鼓励着一批又一批青年人才探索物理和数学的世界。正如佛罗里达州立大学物理系主任乔·兰努蒂（Joe Lannutti)所评价的那样，一个大学的物理系拥有狄拉克就如同英国文学系聘请了莎士比亚[①]。

再如，美国科普作家埃德·里吉斯（Ed Regis）在《谁得到了爱因斯坦的办公室》一书中这样说道："当操纵回旋加速器的工程师们将原子猛力砸向时光终点的时候（图4），当天文学家用巨大的望远镜瞄准亿万光年外冰冷的太空的时候，爱因斯坦将自己关进办公室，放下窗帘。他经常是草草写下几行数学式，稍稍动脑筋想上一会，很快就把他要解决的问题搞定了。就靠脑子想，一无机器，二无设备。"爱因斯坦就靠着科学家的想象力和口袋里的一支笔就能做出颠覆性成果。法国物理学家保罗·朗之万

---

① Farmelo G. 量子怪才[M]. 邱涛涛,译. 北京:中信出版社,2022.

(Paul Langevin)得知爱因斯坦成为高等研究院的第一位教职员时不禁感叹道:"此事意义重大,好比教廷梵蒂冈从罗马迁到了新大陆,物理学教皇移驾了,美国将成为自然科学的中心。"①

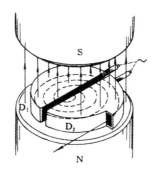

图4　回旋加速器示意图

"历史从哪里开始,精神就从哪里产生。"无论是"刺猬"还是"狐狸",是绅士科学家还是职业科学家,是理论科学家还是实验科学家,他们在长期科学研究、知识创造的过程中形成的科学家精神,既是科技研发与应用的结晶,也为探索科学前沿,攀登科学高峰赋予了规范、价值与动力②。正如美国学者拉帕波特(Rapaport)提出的:"基于在科学实践中体现的宽容、协作等精神,科学共同体通常被看作道德共同体的模范"。③

二、 科学家与工程师主导的交叉融合推动了科技创新

科技发展的一个显著趋势是科学家和工程师主导的科学、技

---

① Regis E.谁得到了爱因斯坦的办公室[M].张大川,译.上海:上海科技教育出版社,2011.

② 杨名,李沛瀛,张伟玉等.科学家精神、青年科技人才与科技期刊的协同关系研究[J].中国科技期刊研究,2023,34(9):1104-1110.

③ 段晓男.礼赞"科学家精神"[J].中国科学院院刊,2019,34(1):1-2.

术与工程的关系越来越交叉融合，推动了创新。

法国人类学家克洛德·列维-斯特劳斯（Claude Levi-Strauss）在其著作《野性的思维》中认为"就像先有青年再有老年一样，先有具体事物的知识，再产生了抽象的科学知识，科学知识是具体事物知识成长后的表现。"为了证明这两种知识在地位上是平等的，斯特劳斯提出了有两种科学思维方式，一种是"修补匠"，另一种则是"科学家"，他们的目的都是"建立秩序"，将杂乱无章、充满偶然性的"事件"，转化为"结构"。科学家的思维方式是"从结构到事件"，用一套固定的、系统的、功能明确的知识体系，来解决与这套知识相关的问题（事件），比如物理学家都是先建立一套数学模型（结构），再通过对具体事件的观察来验证这套模型是否正确。而修补匠的思维方式是"从事件到结构"，将遇到的各个具体事件重新分解和组合，从而将这些事件组织进一套结构里，并且不断做出细微的修补，比如工程师们不断地调整优化一项技术。虽然斯特劳斯并不认为科学家一定比修补匠更优越，但承认修补匠安于结构的有限性，而科学家则总是试图超脱这个限制，创造无限的结构①。

然而也有专家认为将技术工程师仅仅视为"修补匠"，是最大的误解。例如，美国航天工程学家西奥多·冯·卡门（Theodore von Kármán）曾说："科学家研究世界的本来面目，而工程师则创造不曾有的世界。"②科学家发挥想象力寻找无限可能，他们的直觉指导着什么是重要的研究，但这可能只会受到现实生活需求的轻微影响；工程师在遇到现有知识不足以解决的问题时，不会

---

① 克洛德·列维-斯特劳斯.野性的思维[M].李幼蒸,译.北京:商务印书馆,1987.
② Bucciarelli L L.Engineering Philosophy[M].Netherlands:Delft University Press,2003.

等待科学家，而是勇往直前，在考虑实际产业、社会问题和自然资源的一套最经济的标准基础上，寻找最有可能的路径过程①。美国作家克里斯·米勒（Chris Miller）在《芯片战争》一书中提出："互联网、云、社交媒体和整个数字世界之所以存在，是因为工程师们学会了控制电子在硅片上最微小的运动。如果在过去半个世纪里，处理和存储1和0的成本没有下降十亿倍，'大科技'就不会存在。"②

历史学家小戴维·P.比林顿在其著作《思维决定创新：20世纪改变美国的工程思想》一书中提到："工程和科学在未来可能会越来越交织在一起，但这两者同样是基础研究的基础，而不是一个来自另一个……科学家和工程师都具有创造性，因为他们都质疑和探索知识的界限。科学家挑战我们对自然的理解，而工程师挑战我们对设计能力的理解。"③

科学家和工程师主导的交叉融合能够体现在科学界的认识目标与产业界的应用目标的混合。普林斯顿大学教授D.E.司托克斯（Stokes）在《基础科学与技术创新：巴斯德象限》一书中说："德国有机化学家们一方面展开基础研究，一方面促成德国染料业、制药业以至塑料工业发展。"④科研过程中，认识世界和知识应用的目的可以并存。例如被誉为有机化学之父的德国化学家尤

---

① Ramsden J.The Differences between Engineering and Science[J].Measurement and Control,2012,45(5):145-146.

② Miller,C.芯片战争:世界最关键技术的争夺战[M].蔡树军,译.杭州:浙江人民出版社,2023.

③ Billington D P Jr.思维决定创新:20世纪改变美国的工程思想[M].计宏亮,安达,王传,译.北京：中译出版社，2022.

④ Stokes D E.基础科学与技术创新:巴斯德象限[M].周春彦,谷春立,译.北京:科学出版社,1997.

斯蒂斯·冯·李比希(Justus von Liebig)依据大量食品化学研究及生物体的最低营养标准,开发了一种"婴儿汤",可以称为今天婴儿食品研发的先驱①。研究中,他进一步发现氮元素对植物生长作用明显,给植物施加氮肥可以让作物产量翻番,于是成为了第一个主张使用化学肥料代替天然肥料的人。1873年至1913年,由于使用了工业化生产的化肥,德国农业产量增长了90%。李比希对有机农业的研究,还直接促进了尿素的发现。应用研究拓展了他对有机化学的认识,同时又推动了实际问题的解决。

  大科学时代,科学技术工程各领域广泛交叉,基础研究、应用研究、开发研究之间的界限日益模糊。美国哈佛大学教授文卡特希·那拉亚那穆提(Venkatesh Narayanamurti)在《发明与发现:反思无止境的前沿》一书提到了一项基于贝尔实验室和美国20世纪其他杰出工业研究实验室的研究,发现这些大型工业实验室不仅发明了晶体管、电子激射器等新技术新设备,还发现了量子电子学、信息论、光纤理论等新知识、新学说②。那拉亚那穆提教授还进一步指出,应采用"发明-发现循环模式"(DIC)反映科学研究过程的复杂与相互作用,并认为在新的技术发明中,也可能获得新的科学发现,反之亦然。以信息与通信领域的创新循环为例,1947年,威廉·肖克利(William Shockley)、约翰·巴丁(John Bardeen)和沃尔特·布拉顿(Walter Brattain)成功研制了第一个晶体管,并于1956年获得了诺贝尔物理学奖。该项成果及其后续改进使得晶体管器件成功取代传统机电开关,并催生出一代

---

① Fischer E P.Noch wichtiger als das Wissen ist die Phantasie:Die 50 besten Erkentnisse [M].London:Penguin Verlag, 2016.

② Narayanamurti V, Odumosuhe T.发明与发现:反思无止境的前沿[M].黄萃,苏竣,译.北京:清华大学出版社,2018.

又一代体积更小、效率更高且结构更复杂的集成电路。与此同时，晶体管的发明也催化了对半导体物理学的全面深入研究，其中德国物理学家克劳斯·冯·克利钦（Klaus von Klitzing）在研究时发现了霍尔效应存在量子化现象，并于1985年获得诺贝尔物理学奖。随后，美国物理学家罗伯特·劳克林（Robert Laughlin）、德国物理学家霍斯特·施托默（Horst Strmer）和普林斯顿大学教授崔琦等三位科学家展示了更令人困惑的一面：在极端条件下，霍尔电导会以先前观察到的结果的分数倍量子化。电子好像以某种方式分裂成了更小的粒子，每个粒子都携带了电子的一小部分电荷。分数量子霍尔效应也成为了凝聚态物理研究里的重要成就之一，这三位科学家也因此获得1998年诺贝尔物理学奖。

实际上，很多成功的工程所体现的不是简单的科学与技术的关系，也有工业界工程师们敏锐的洞察力、丰富的想象力和惊人的创造力。20世纪20年代初期，美国工程师弗兰克·韦茅斯（Frank Weymouth）接到了胡佛大坝设计任务（图5）。胡佛大坝的建址在两座山之间，倘若采用统一宽度的混凝土直墙形式，强大的水压会导致坝体变形弯曲，从而产生裂缝。弗兰克打破了工程师传统的重力坝设计思路，改用拱形水坝设计，不仅将水平力向四周传导，分散了水势的压力，而且使用的材料更少、完工的时间更短，却达到了与重力坝相同的效果，解决了胡佛大坝设计任务中巨大的工程难题。在大坝建设的相近时间，美国国内汽车的登记数量达到800万辆，汽车的普及对美国道路提出了更高的要求，美国土木工程师托马斯·麦克唐纳（Thomas McDonald）接到了重建因战争损毁的国内道路任务，筹划并建设美国全国公路路网。麦克唐纳以其敏锐的洞察力，对车辆和路面之间的相互作用做了科学研究,发现路面不平整给道路带来的危害要大于汽车重量带来的危害,因此开始采用波特兰水泥或沥青制成的混凝土铺设道路,代替原先的碎石铺设路面;而且充气轮胎给路面带来的危害远小于当时的实心轮胎,于是倡导汽车都开始采用充气轮胎[1]。

图5 胡佛大坝[2]

在很多领域,工业界是领先于学术界的。以计算机科学与技术领域为例,一组有关学术成果和科研人才的数据可以佐证:2022年工业界贡献了32个重要机器学习模型,而学术界创造了3个,工业界贡献的学术模型是学术界的10余倍(图6)。越来越多的博士开始进入企业。2011年北美AI专业博士生在工业界(40.9%)与学术界(41.6%)比例相当,10年后,工业界博士(65.4%)已经超过了学术界(28.2%)的2倍。2021年,更多的美国博士毕业生受雇于私营公司(43%),而不是学术机构(36%)[3]。

---

[1] Billington D P Jr.思维决定创新:20世纪改变美国的工程思想[M].计宏亮,安达,王传声译.北京:中译出版社.2022.

[2] 来源: https://baike.baidu.com/item/%E8%83%A1%E4%BD%9B%E6%B0%B4%E5%9D%9D?fromtitle=%E8%83%A1%E4%BD%9B%E5%A4%A7%E5%9D%9D&fromid=7478435&fromModule=lemma_search-box。

[3] Raman S. How to Make the Leap into Industry after a PhD[J]. Nature, 2023, 620 (7974): 683-684。

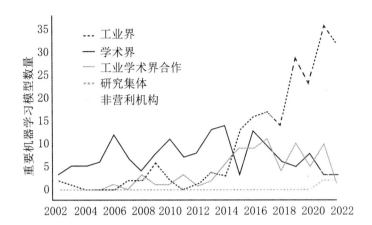

图6 工业界贡献的机器学习模型是学术界的10余倍①

2020年Nature发表的一篇名为《2020最值得关注的技术》的文章称,一直以来工业界的想法很少为人所知②。随即,Nature Chemistry上发表了一篇评述,呼吁学术界与工业界加强合作,并指出基础研究和应用研究一直存在所谓的"鸿沟"③。硅谷被称为"现代贝尔实验室",其成功来源于建立了相互信任、齐心协力的空间,让物理学家、化学家和数学家一起开发应用科学,进而构建了紧密集成的学术界与工业界的生态体系。在这个生态体系中,工程师是链接技术与产业的直接桥梁,链接着科学家、制造商和市场之间的需求。比如,摩尔定律的发展既是一个关于物理学家或电气工程师的故事,也是一个关于制造专家、供应链专家和营销专家的故事④。再如,工程师开发的AI技术在竞赛和生产率等

---

① 来源:*The AI Index 2023 Annual Report*, Stanford University. 2023, 4。

② Landhuis E.Technologies to Watch in 2020[J]. Nature,2020,577(7791):585-588.

③ Schultz D, Campeau L C. Harder,Better,Faster[J]. Nature Chemistry,2020,12(8):661-664.

④ Miller,C.芯片战争:世界最关键技术的争夺战[M].蔡树军,译.杭州:浙江人民出版社,2023.

方面表现不凡①，AI技术帮助了科学家探索新材料合成②。科学家和工程师主导的交叉融合，不断拓展了科技创新的边界。

  行文至此，笔者尝试以历史回顾和文献综述的方法，试图将对于科学、技术和工程这一话题的几点学习体会与大家分享，主要有两点想法：一是科学史、技术史和工程史在其发展过程中是不可分割地交织在一起的，因而在实践上是不可偏废的。换言之，科学、技术和工程之共生格局，对当下我们建设创新国家的实践启示在于，我们不但需要牛顿、爱因斯坦、杨振宁式的科学巨擘，同样需要奥本海默、爱迪生、钱学森、邓稼先、袁隆平式的投身于理实交融工程实践的伟大典范，培养具有工程师思维的科学家和培养具有科学家思维的工程师同样重要。二是科学、技术和工程三者的相互融通和发展不仅需要其内在科技创新单元之间的紧密互动和协调，更离不开外在的"支点"。这个外在的力量就是产业界的市场规律。只有在市场的充分竞争中，创新与突破才能有方向感，科学、技术、工程的交融与碰撞才能找到立足点和试验场，新的经济增长点才能不断爆发和涌现，从而推动人类文明走向一个充满想象和希望的未来。

---

① 来源：https://www.nature.com/articles/d41586-023-02719-x。

② 来源：https://www.science.org/content/article/ai-rivals-the-human-nose-when-it-comes-to-naming-smells。

陶 虎

国家优秀青年科学基金获得者

中国科学院上海微系统与信息技术研究所研究员、副所长

中国科学院上海微系统与信息技术研究所研究员、副所长,传感技术国家重点实验室副主任,中国科学院上海微系统与信息技术研究所2020前沿实验室创始主任,国家优秀青年科学基金获得者,中国神经科学学会脑机接口与交互分会主任委员,国家"脑计划"类脑脑机方向责任专家组成员。

主要从事脑机接口、生物存储、智能传感器和植入式医疗器械的研究。负责多项国家和省部级项目,包括科技创新2030"新一代人工智能"重大项目(首席科学家)、中国科学院基础前沿科学研究计划"从0到1"原始创新项目等。在 Science, Nature, PNAS 等国际核心期刊发表学术论文80余篇,总引用超过1.8万次。申请国内外相关专利60余项。

入选爱思唯尔发布的2022、2021"中国高被引学者"和美国斯坦福大学发布的2020、2023年度"全球前2%顶尖科学家"榜单,2023年上海青年科技英才、2023年上海市大众科学传播杰出人物,获2021年世界人工智能大会最高奖项 SAIL 奖、2021年中国科学院青年科学家奖等。

生物与信息交叉融合技术

近年来,学科交叉正引起越来越多的关注。尤其当下以技术为引领的科技革命推动着学科向综合化发展,学科交叉与融合成为主要发展趋势。生物与信息交叉融合技术研究已成为当今科技领域的热点之一。生物信息学、计算科学、人工智能等领域的交叉融合为现代医疗、生物学和生命科学等领域带来了前所未有的机遇和挑战。本文将从脑机接口、生物存储、智能传感器和植入式医疗器械这四大应用领域入手,列举上述应用领域的科技发展和研究进展,为广大读者科普新知。

一、发展历史及意义

继蒸汽机、电气、原子和计算机三大科技革命之后,在世界范围内已经涌现第四、第五和第六次科技革命。其中,第四次科技革命发生在20世纪后期,形成了系统生物科学与技术体系,推动了转化医学、生物工业的产业革命;迈入21世纪,电子和信息技术的普及应用开启了第五次科技革命,以信息通信技术为标志,揭开了万物移动互联的新纪元;现如今我们已经来到了第六次科技革命的拂晓时刻。中国科学院院士谢联辉先生曾提出:"第六次科技革命是以人为本,以生命科学为先导,兼融合其他科学文明,推动人类未来的思想和行为范式的质的突变。"由此来看,未来新科技革命将大概率发生在几个不同学科的交叉结合部(如生命科学、信息科技),且是一个新的复合结构。原中国科学院院长白春礼在发表的《卡位"第六次科技革命"》文章中表示:"中国再不能与新科技革命失之交臂,必须密切关注和紧跟世界经济科技发展的大趋势,在新的科技革命中赢得主动"。换言之,生物与信息技术交叉融合的发展已成为新一轮科技革命的重要驱动力。

二、 四大前沿应用领域

1. 脑机接口

大脑是人体最强大、最脆弱、最未解的器官,是我们思想、情感、感知、行动和记忆的源泉。然而,目前脑科学领域还有诸多问题有待进一步研究和探索,大脑的工作原理还未获得充分、全面的解析。近年来,以人工智能、量子信息、集成电路、生命健康、脑科学等为代表的新一轮科技创新不断驱动产业变革,正在重构全球创新版图和经济结构。在这些极具颠覆性的科技领域中,脑科学无疑是最尖端、最前沿的一个,可以被称为生命科学的终极疆域。

脑机接口是大脑和外部设备之间创建的直接连接通路,是全面解析认识大脑的核心关键技术,是国际脑科学最前沿研究的重要工具。脑机接口主要应用于人机交互、革命性假肢(神经控制假肢)、神经预测与新兴疗法、恢复主动记忆(restoring active memory，RAM)、神经工程系统设计、下一代非侵入性神经技术等革命性科技前沿领域。脑电信号是大脑的指纹，脑机接口是大脑和外界设备信息交互的直接通道。可以说脑机接口是生命科学和信息技术交叉融合各大主战场中最为重要的应用方向，代表了一种新兴的、具有潜在破坏性的技术领域。

脑机接口的研究涉及神经科学与工程、大脑与认知科学、材料科学、数学、临床医学、微电子学和计算科学等多个学科。近年来，神经科学和工程学已经在分子细胞、关键元器件、软硬件开发、应用系统、仪器仪表等多方面取得进展和突破，使得脑机接口的产品研发和商业应用逐渐成为可能。脑机接口是指在有机生命形式的脑与具有处理或计算能力的设备之间，创建用于信息交换的连接通路，实现信息交换及控制。脑机接口的技术核心是搭建人脑与外界沟通交流的"信息高速公路"，是全球公认的新一代人机交互和人机混合智能的关键核心。医疗康复是目前脑机产业商业应用最成熟、产业规模最大的行业，集中在疾病诊断和治疗领域，已经普及的应用包括癫痫、中风等脑科疾病的诊疗，在精神疾病和心理健康测评方面也颇具潜力，日后也可能进一步推广到情绪管理、记忆增强，甚至脑写入等方面。脑机接口技术的作用包括监测（使用脑机接口系统监测部分人体意识状态）、替代（脑机接口系统的输出可以取代由于损伤或疾病而丧失的自然输出）、改善/恢复（针对康复领域，改善某种疾病的症状或恢复某种功能）、增强（针对健康人而言，实现机能的提升和扩展）及补充（针对控制领域，增加脑控方式，实现多模态控制）。换言之，狭义的脑机接口技术为恢复感觉和运动功能，以及治疗神经疾病提供了希望；广义的脑机接口技术将赋予人类意念控制智能硬件终端的"超能力",甚至能够辅助构建人机孪生的新未来。

脑机接口系统通常包括信号采集、神经解码、控制外设等若干软硬件模块(图1)。硬件包括脑机接口芯片、脑电采集设备、神经刺激设备、外设机械控制等;软件包括控制软件、数据分析算法、数据存储服务等。一个优良的脑机接口系统则是上述核心部件的最优组合。脑机接口采集的信号既可以是大脑皮层的宏观信号(如脑电和脑活动代谢信号),也可以是颅内神经元峰电位(spike)、局部场电位(local field potentials,LFP)、皮层电位(electrocorticograms,ECoG)等。这些信号携带了动物或人的思维信号(thoughts)。通过对这些信号内涵的解码和分析,就可能知道人或动物的动机与目的,然后就可借助计算机等行动单元实现动物或人的意愿。

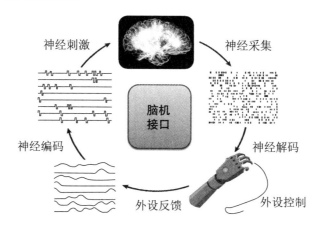

图1 脑机接口的主要软硬件组成部分

中国科学院上海微系统所陶虎团队采用蚕丝蛋白牺牲层自体的微创植入技术打造了"免开颅微创植入式高通量柔性脑机接口系统",解决了神经电极在植入时产生创伤大的问题,只要打一个不到1 mm的微孔就可以顺利植入。基于蚕丝蛋白可控降解特性,将电极浸涂蛋白实现暂时硬质化，植入后蛋白溶解，电极恢复柔性，无需外加引导装置，实现电极微创植入。另外，使用神经电极精准定位技术，自动植入并绕过血管，从而避免损伤。不仅如此，蚕丝蛋白天然抗菌、可降解、力学强度高，相应地以蚕丝蛋白为主体的柔性电极将继承其自然属性，在生物相容性、机械强度上要比化工或化学合成材料制成的电极有优势，这些优势也会在临床中体现出来。在信息技术和生命科学前沿交叉领域，作为全面解析认识大脑的核心技术，脑机接口是国际脑科学前沿研究的重要工具，将推动脑科学的发展。脑机接口有望成为撬动未来科技革命的关键节点，作为生物与信息交叉融合技术的前沿应用场景，成为我国科技产业加速前进的重要源动力。

2. 生物存储

全球数字技术产生的数据总量已从5年前的4.4 ZB激增至如今的16 ZB，据估测这个数字在2025年将会继续增加10倍[1]。随着信息生产和存储数据能力之间的差距日益扩大，人们迫切需要密集且持久的信息存储。通常用于数据存储的硅元素能够制成微芯片来搜集、处理和存储数据；但高纯度硅却很稀少，占据硅供应总量不足一成。随着高纯度硅材料消耗殆尽，一些研究者预测到2040年，数据洪流可能会耗尽全球计算机用硅的供应，这是新技术和数字化进程面临的重大挑战[2]。因而分子数据存储被科学家们寄予厚望，生物存储技术是一种将数字信息储存到生物分子中的技术。这种技术的研究受到了生物学、计算科学和化学等领域

---

[1] *DNA's Awesome Potential to Store the World's Data* (n.d.). https://www.micron.com/insight/dnas-awesome-potential-to-store-the-worlds-data.

[2] Extance A. How DNA could store all the world's data[J]. Nature, 2016, 537(7618).

的广泛关注。

生物存储技术的研究意义在于,生物分子具有高度的可靠性和长时间的稳定性,可以作为一种新型的高密度、长期存储数据的手段。生物存储技术因其高容量、高可靠性、高保密性、可保存生命信息等独特优势,逐步成为未来国际信息化竞争新格局中占据主动的关键支撑技术之一。美国将"生物启发的计算与存储"作为重点发展方向列入美国下一代信息技术发展的路线图,美国国防高级研究计划局(DARPA)部署了"分子信息存储"系列项目,同时微软公司亦在大力布局DNA存储技术。相较之下,国内生物存储技术相对薄弱,与美国等强国存在差距,技术积累不足。生物存储技术包括两个主要技术分支:其一为DNA存储技术,其二为蛋白存储技术。

DNA是以分子形式进行有效档案数据存储的优秀解决方案之一[1]。我们的遗传密码在1g分子中包含数十亿字节,只需1mg分子就可以轻松编码存储美国国会图书馆所有藏书的完整文本;甚至在一项新的研究中,研究人员将整本遗传学教科书存储在不到1pg(万亿分之一克)的DNA中[2]。DNA作为一种生物材料管理着生命信息,如同生命图书馆存储、组织和调节遗传信息,以建立和维护重要的生命系统;遗传内容通过核苷酸单体的基因插入、删除和修饰而进化,从而通过突变维持信息的生存。在DNA杂交过程中,腺嘌呤(A)与胸腺嘧啶(T)形成碱基对,鸟嘌呤(G)与胞嘧啶(C)形成碱基对;使用这4个碱基的四进制代码,DNA和RNA

---

[1] Ceze L, Nivala J, Strauss K. Molecular Digital Data Storage Using DNA[J]. Nature Reviews Genetics, 2019, 20(8): 456-466.

[2] Church G M, Gao Y, Kosuri S. Next-generation Digital Information Storage in DNA [J]. Science, 2012, 337(6102): 1628-1628.

中的组合唯一性可按4^n次方缩放,其中n是每个序列中的碱基数[1]。如图2所示,DNA存储技术有其优缺点,虽然能够实现高容量存储和长期保存,但是其数据稳定性有所欠缺,暂无有效擦除重写信息的技术,且其高昂的成本也进一步限制了大规模应用。特别是成本方面,一方面,当前每个基元的成本约为10^{-4}美元,编码密度为1位/库,保守估计写入成本为8亿美元/TB,而磁带成本约为16美元/TB;另一方面,当前测序技术实现的读取成本要小几个数量级,为0.01~100万美元/TB[2]。未来DNA存储技术大规模推广应用,亟需有效技术创新突破上述数据稳定性、数据擦除重写以及使用成本上的限制因素。

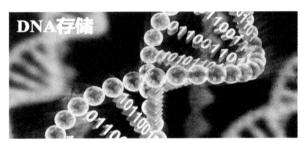

优点: 高容量(2 PB/g)、长期保存(500年)
缺点: 数据稳定性差、无法修改数据、成本高

图2 生物存储技术之DNA存储技术

蛋白存储技术是另一项生物存储技术,能够克服DNA存储稳定性不足、无法擦除重写数据及高成本的问题。丝蛋白作为一种生物材料,长期以来还因其机械强度、生物相容性、生物可降解性、易于功能化和可调的水溶性而广受欢迎。如图3所示,虽然

---

[1] Zhirnov V, Zadegan R M, Sandhu G S, et al. Nucleic Acid Memory[J]. Nature Materials, 2016, 15(4): 366-370.

[2] Dong Y, Sun F, Ping Z, et al. DNA Storage: Research Landscape and Future Prospects[J]. National Science Review, 2020, 7(6): 1092-1107.

丝蛋白存储容量不及DNA，但其有利的特性促使一些科学家开始研究丝蛋白作为可重写光存储介质。

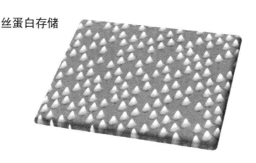

丝蛋白存储

优点：可多次重复擦写、长期保存、成本低
缺点：存储容量不及DNA存储

图3　生物存储技术之丝蛋白存储技术

中国科学院上海微系统所陶虎课题组联合美国纽约州立大学石溪分校和德州大学奥斯汀分校相关课题组，首次实现了基于蚕丝蛋白的高容量生物存储技术。这种存储技术以生物兼容性良好、易于掺杂、降解速率可控的天然蚕丝蛋白作为信息存储介质，近场红外纳米光刻技术作为数字信息写入方式。到目前为止，该团队已用这种技术实现了图像和音频文件准确记录、存储和"阅读"的原理验证。相关成果发表在国际知名期刊 *Nature Nanotechnology* 上，相关技术也已申请发明专利[1]。得益于蚕丝蛋白所具备的自身特性，结合高精度近场快速读写手段，蚕丝蛋白存储器具有如下优势：① 存储容量大（约 $10\ GB/cm^3$）；② 原位可多次重复擦写；③ 能在高湿度（90%）、强磁场（7 T）或强辐射（25 kGy）等恶劣环境下长期稳定工作；④ 可以同时存储二进制数字信息以及与生命活动直接相关的生物信息；⑤ 可以植入生物体永久保存，也

---

[1] Lee W, Zhou Z, Chen X, et al. A Rewritable Optical Storage Medium of Silk Proteins Using Near-Field Nano-Optics[J]. Nature Nanotechnology, 2020, 15(11): 941-947.

可以在预设的时间内可控降解。

蚕丝蛋白存储器作为一种高容量、高可靠性的新型存储技术，不仅可以像普通半导体硬盘那样存储数字信息，还可以为活性生物信息存储提供一个功能巨大的平台，用于采集存储生物信息，同时存储人体DNA和血液样本；并且这种存储器还能按照预设的时序可控销毁，从而用于信息保密。此外，由于蚕丝蛋白存储器极易掺杂各种功能分子进行功能化，因而可以增加信息存储的维度。未来通过对蚕丝蛋白存储器存储容量和读写速率的不断优化改进，该技术有可能成为下一代高容量、高可靠的信息存储技术。纽约州立大学石溪分校刘梦昆教授作为论文的共同通讯作者介绍说："相比传统紫外光刻和电子束光刻技术，基于原子力显微镜的近场光学技术为生物材料在纳米尺度下的原位加工和表征提供了可能，通过纳米针尖将红外光聚焦在极小的尺度下，对蚕丝蛋白进行改性，从而达到信息存储和读取的目的。后期可以进一步结合多探针平行加工技术和快速移动平台，未来有潜力实现可比拟商业化硬盘存储器的存储密度和读写速度。"

3. 智能传感器

由于人口老龄化和外科手术数量的增加，每年植入的生物医学设备数量不断增加，于是不可避免地带来了挑战，即如何在体内存在异物导致损害时，快速准确地完成智能检测。植入式智能传感器的发展能够在很大程度上应对这一挑战，及早检测到植入物或周围组织的微小变化，并为干预提供早期线索。因此，将智能传感器与植入物集成将实现实时监控并改善植入医疗器械的功能，这一组合设备的进步非常显著，但仍存在一些需要解决的问题。具体来说，当前智能传感器需要解决当前植入式医用器材不智能、生物相容性差、难降解的问题。首先是围绕智能化与生物多功能化，也就是智能传感器集成在植入式医疗器械中实时监测，并通过表面修饰构建新一代的多功能生物材料。其次是提高植入材料的生物相容性，使用天然高分子材料，增加材料的生物相容性，表面修饰有生理功能的物质形成生物过渡层。最后是诱导组织再生后可降解，也就是应用可降解聚合物诱导周围组织的生长，从而分化支架，提高生物医用材料的可降解性。智能传感器的发展核心是实现植入式医用器材的智能化、微型化、可降解，推动个性化医疗取得突破。

鉴于以上亟待解决的问题，陶虎团队提出了一种基于蚕丝蛋白的生物集成超材料器件，蚕丝蛋白因其机械性能佳、介电损耗小、能可控降解、可兼容大部分微纳加工工艺等特点，而被用作电子器件的基底和介质材料，是目前国际上首个瞬态可溶电子微系统的基底和封装材料。用可降解的镁、氧化镁、纳米硅膜等半导体功能材料，集成了一系列基本电子元器件。整个微系统放置在生理盐水中，大约十分钟就可溶解完毕。这类器件在信息安全、植入式可控降解生物芯片、电子垃圾回收等领域具有非常广阔的应用前景，尤其在健康医疗、环境保护等未来电子技术领域，有望产生颠覆性突破和革命性创新。基于瞬态可溶电子技术，还诞生了全球首个面向特定临床治疗功能、完全生物相容、可在被降解后吸收的植入式器件。它同样以蚕丝蛋白为衬底材料，可植入生物体皮下用于治疗细菌感染。

总而言之，智能传感器集成植入物仍处于起步阶段，随着人类生命健康和个性化医疗的需求提升，市场对智能化的植入式医疗器材有了新的要求；而智能传感器作为植入式医疗器械应用的核心，在技术发展上也亟需新的突破。通过跨学科的方法，这些智能传感器集成设备无疑将变得更加高效，为未来的临床转化提供清晰的路径。

4. 植入式医疗器械

植入式医疗器械的发展历程可以追溯到20世纪50年代，彼时医疗领域开始使用植入式心脏起搏器。随着技术的进步，植入式医疗器械应用范围不断扩大，包括心脏除颤器、神经刺激器、人工关节等。植入式医疗器械的发展受益于生物材料和信息技术的融合及发展，一方面随着生物材料的研究不断深入，医疗器械的材料也得到了改进，使得植入式医疗器械更加安全和有效；另一方面随着信息技术向微型化推进以及无线通信技术不断发展，植入式医疗器械更加精确和便携，并且能够实现与外部设备的无线通信和远程监测。

植入式医疗器械市场是一个庞大的市场，包括多个不同的产品类型，如心脏起搏器、人工关节、神经刺激器、脑起搏器等。其中，以高端生物医用材料及医疗器械的市场为例，数据显示全球高端生物医用材料市场已超过4500亿美元，2030年左右市场将增长至0.8万余亿美元，带动相关产业新增间接经济效益可达3万余亿美元。如图4所示，我国2017—2021年均复合增长率约为15.21%，2021年中国生物医用材料市场规模达到3400亿元。未来10年平均市场年增长率将超过20%。但国内基本只能生产中、低端产品，70%的高端生物医用材料及产品依靠进口。以典型的可吸收骨科材料为例，骨固定产品市场规模高达数百亿元，但高端可降解骨固定产品在我国处于起步阶段。目前市场聚合物类产品（聚乳酸，PLA）主要被国外垄断，国内目前仅有几家公司生产该类产品。新型镁金属与生物有机材料还处于临床研究或实验室研究阶段。由此可见,在国内存在重大临床应用需求和依赖进口"卡脖子"之间的矛盾,对植入式医疗器械中高端生物医用材料的布局刻不容缓。

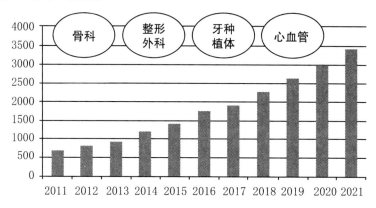

图4　2011—2021年我国生物材料市场规模(亿元)

陶虎团队开发了基于蚕丝蛋白的植入可降解、人体可吸收的微纳电子和光电子器件,实现了蚕丝蛋白在神经外科、骨科等临床医学领域的应用。多年来,陶虎团队一直致力于信息技术和生命科学的基础前沿交叉研究,将蚕丝从传统纺织材料成功转化为新型医用和信息功能材料。如图5所示,蚕丝作为一种绿色、天然的原料,可以形成多类型的蚕丝蛋白高值耗材,因其可控降解(可以调节降解时间,从几个月到几年不等)的特性而能够量身定制产品,所形成的可吸收蚕丝蛋白植入式医疗器械有丰富的用途,如神经外科、医美整形科、骨科、运动科等多科室的临床应用。

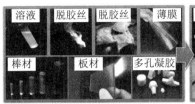
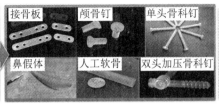

多类型蚕丝蛋白高值耗材　　面向多科室临床应用的蚕丝蛋白可吸收医疗器械

图5　可吸收蚕丝蛋白植入式医疗器械

一直以来，临床上很多植入式器械都是不可降解的金属类电子器件，比如骨钉，一旦植入身体，还需要二次手术再把它取出来。长期以来，坚硬的金属材料始终是骨折后内固定手术的"金标准"。可降解蚕丝材料的研发和临床应用解决了金属内固定应力遮挡、二次手术、伪影干扰的三大缺陷。空军军医大学西京医院雷伟团队联合陶虎团队，从蚕茧到蚕丝再到蚕丝蛋白溶液，再提取成固体，最后用车床精密加工成骨钉的生物材料，历经5年技术攻关，成功突破了蚕丝临床应用的技术壁垒，研发出新型可降解蚕丝接骨螺钉。蚕丝蛋白的分子量和结晶水平是影响骨钉力学性能和降解特性的核心因素。经过近千次实验的失败和坚持不懈的调试，终于实现了硬度与降解性的平衡，达到了体内螺钉固定的要求。该螺钉是目前全球首款实现人体内应用的可降解医用蚕丝骨钉，标志着人体内固定领域开启了蚕丝应用的新时代，未来还将拓展应用于脊柱外科、神经外科、口腔医学等诸多领域，惠及更多患者。

随着全球老龄化程度的加剧和医疗技术的不断进步，植入式医疗器械市场有望保持稳定增长。医疗器械跟人的健康息息相关，如果这一领域的关键技术也被"卡脖子"，将会非常被动，因此在高端医疗器械方面做一些有益探索意义重大。未来相信通过产、学、研通力协作,在植入式医疗器械领域能早日出现创新龙头产业链和科技型企业。

三、小结

生物与信息交叉融合技术还包括生物信息学、计算机仿真生物学、基因组学、蛋白质组学、代谢组学等多个学科领域的交叉研究。生物技术和信息技术的融合发展源于学科内涵的本质、工程发展的规律以及时代和社会的要求,为人类带来了前所未有的机遇和挑战。这种融合发展带来了不断变化的研究范式、不断增加的创新突破和越来越广泛的应用场景。从脑机接口、生物存储、智能传感器和植入式医疗器械来看,这些技术融合将为生命科学、医疗健康、环境保护等领域的进步和发展提供了重要的支持和推动,也将对人类的医疗和生活产生深远的影响。

徐兴无

国轩高科工程研究总院副院长

正高级工程师

安徽省科学技术进步奖一等奖获得者

国轩高科工程研究总院副院长，正高级工程师，安徽省新能源汽车产业技术创新战略联盟专家组专家，2013年被认定为安徽省首批战略性新兴产业技术领军人才。

主要从事新能源汽车动力电池相关科学与技术的研究，主持设计、制造了用于世界上首条大规模纯电动公交线路——合肥18路公交线路的30辆电动大巴车的电池系统，近年来主持（参与）国家科技部新能源汽车重点专项、"863计划"项目、国家工信部2016年智能制造新模式应用项目等国家、省市级科技项目10余次。

曾获2013年安徽省科技进步奖二等奖，2017年安徽省科技进步奖三等奖，2020年安徽省科技进步奖一等奖。

新能源汽车动力电池的发展及展望

一、发展新能源汽车——中国的战略选择

新能源汽车，就目前的意义而言，主要是指电动汽车。目前，汽车电动化已成为全世界势不可挡的潮流。而中国则对这股潮流起着推波助澜的作用。

中国为什么要积极发展新能源汽车？这要站在战略高度进行分析。

首先是能源安全。1993年以后，中国的石油已经满足不了自给自足的要求，开始进口石油。到了2009年，中国的石油进口依赖度首次超过了50%。2021年，中国进口石油5.1亿吨，进口依赖度高达72%！问题在于，这5.1亿吨进口石油是通过什么渠道运输到国内的呢？目前，陆上运输石油主要有三条输油管道：中俄原油管道、中哈原油管道、中缅原油管道。中巴原油管道还未投入使用。而这三条输油管道的输油量加起来还不到1亿吨。其余的大部分要靠海上运输，且要经过狭长的马六甲海峡。我们知道，石油是经济的血液和命脉，对军事也至关重要。一旦战争打响，敌对国只要封锁马六甲海峡，中国就将陷入非常艰难的困境。

这就是所谓的"马六甲困局"。因此，为了大幅度降低石油依赖度，必须大力发展新能源汽车。

其次是"双碳"战略。根据美国、欧洲国家、日本等气象部门的研究数据，自有气温记录（1860年）以来，到目前为止全球平均温度距平（也就是气温上升）为0.6~0.8 ℃，且有加速上升的趋势（图1）。

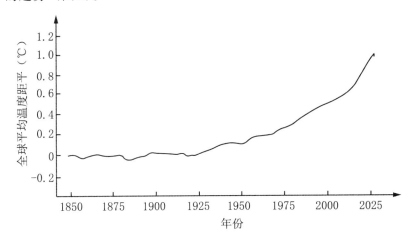

图1 全球平均气温上升示意图

全球气候变暖的主要原因是人类活动造成的二氧化碳排放。因为二氧化碳可以吸收太阳光照射到地球表面而又反射出去的红外线，形成一层"暖被"（温室效应），所以气温会随CO_2排放量的增大而升高。为此，1992年联合国制订了《联合国气候变化框架公约》，以控制碳排放。2020年9月22日，习近平总书记在第七十五届联合国大会一般性辩论上提出："中国将提高国家自主贡献力度，采取更加有力的政策和措施，二氧化碳排放力争于2030年前达到峰值，努力争取2060年前实现碳中和。"并且，在以后的多个场合，习近平主席都不断强调"碳达峰、碳中和"的重要性。这也意味着，汽车工业要实现碳排放目标，必须发展新能源汽车。

和气候相关的另一个因素是雾霾治理。研究表明，城市空气污染约三分之一来源于汽车尾气。要打赢蓝天保卫战，汽车尾气"零排放"也是一个重要目标。

最后是我国的汽车工业转型。我们清楚地认识到，中国燃油汽车的技术水平跟发达国家相比，至少落后了20年。要想赶上或超过它们，必须"弯道超车"，大力发展新能源汽车。习近平总书记在2014年视察上汽集团时指出，发展新能源汽车是我国从汽车大国迈向汽车强国的必由之路。这为我国的汽车工业发展指明了方向。

基于以上的综合战略考量，中国毅然决然地把新能源汽车列入了七大新型战略产业之中。2009年1月23日，财政部、科技部联合发出了《关于开展节能与新能源汽车示范推广试点工作的通知》，决定在13个城市示范推广1000辆新能源汽车，即所谓的"十城千辆工程"，从而拉开了中国新能源汽车产业化的序幕。

二、 纯电还是混动——动力电池发展技术路线之争

先从电池说起。电池分为一次电池和二次电池。一次电池不可充电，二次电池是可充电电池。以锂离子电池为例，比如正极是三元材料（钴、镍、锰、锂的氧化物），负极是石墨（C），充电时正极中的锂离子被"赶"到负极中，放电时锂离子从负极又回到正极中，充放电就是锂离子摇来摇去的过程，所以又称为"摇椅电池"（图2）。

目前电动汽车用的动力电池大都是锂离子电池。按正极材料

又可将电池分为三元电池、磷酸铁锂电池和锰酸锂电池等。

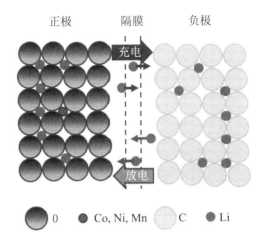

图2　锂离子电池充放电示意图

动力电池是指很多单体电池在一起并联、串联使用的电池（图3）。电池的并联是为了增大容量，串联是为了提高电压。

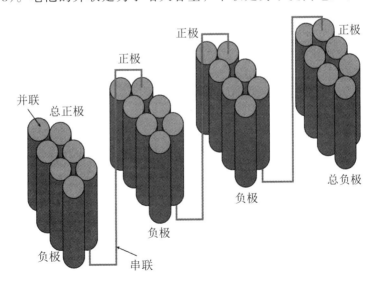

图3　动力电池串并联示意图

电池串、并联使用遇到的一个最大的问题是电池的一致性问题。成百上千个电池在一起使用，如果有一个电池性能差，就会影响整个电池包的性能，这叫"木桶短板效应"。

"纯电动汽车"是指全部用电池驱动的电动汽车。主要零部件是电池、电机、电控。而"混合动力电动车"是指一辆车内既有燃油发动机系统又有电池电机驱动系统的多动力汽车。显然，混合动力系统技术要复杂得多，况且核心技术的知识产权多在发达国家"汽车巨头"手中。

纯电驱动的核心技术全部聚焦在动力电池上。在"十城千辆工程"实施的时候，中国的电池技术相对落后。突出的体现就是电池一致性较差。对于电动汽车来说，一致性差带来的后果就是电池充不满电，续航里程骤减；电池故障率高。在试点的很多城市，基于运营线路固定等因素的考虑，首先采用的是电动大巴车。但电动大巴车配备的电池要求电量大，这就使得大巴车在运营过程中事故频出。所以很多人质疑纯电驱动的大巴车到底能坚持多久。有一个城市是例外，那就是合肥。合肥于2010年1月23日投放了30辆纯电动大巴车到18路公交线路上，一直运行得较好（图4）。工信部也组织人员做了实地考察，走访了乘客、公交车司机、服务人员等，结论是运行基本正常。这无疑是给中国的纯电驱动的汽车发展打了一剂"强心针"。

图4　合肥在18路公交线路投放30辆纯电动大巴车

与此同时,"纯电驱动"的技术路线还受到了海外"混合动力"势力的打压。一些发达国家的代表抛出了"纯电动汽车不节能、不环保"的谬论,并写成"内参"散发到中国的政府部门。他们认为,纯电驱动所用的电池也使用电网的电,而电网的电在发电和输电的过程中也会产生二氧化碳、氮化物的排放,所以"并不环保";同时在这个过程中也有能量损失,所以"并不节能"。

为此,德国的德意志银行和我国科技部专门做了深入的研究。研究结果显示,燃油汽车从油田开采到原油精炼再到车辆使用,整体能量利用效率约为16%,而电动汽车从发电到输电再到车辆使用,整体的能量利用效率约为30%,几乎是燃油车的2倍(图5)!

传统汽车总能量效率:16%

电动汽车总能量效率:30%

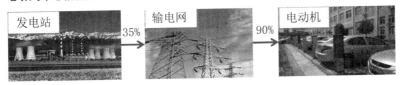

图5 燃油汽车和电动汽车能量利用效率对比

关于排放,火力发电厂的环保治理非常严格,且是集中排放、集中治理。而燃油车的废气排放按不同的指标数值,分为一、二、三、四、五、六等级,并且废气是在城市内排放,严重污染城市空气。

除此之外,我们还要注意到,电力的结构正在发生巨大变化。2011年,我国火力发电占比约为70%,到2030年,可再生能源占比将会超过50%,2060年达到90%以上(图6),从这个意义上讲,电动汽车所用的电可以认为是"新能源"。由此看来,我国坚持纯电驱动的技术路线是非常正确的。

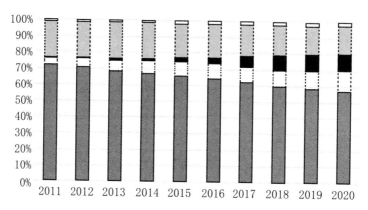

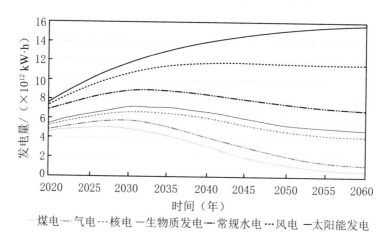

图6 我国能源结构变化趋势

三、换道超车——中国的胜出

在"十城千辆工程"开始时有一个说法,叫"弯道超车"。严格意义上说,应该叫"换道超车"。如前所述,我国燃油汽车的技术水平落后于发达国家,但电动汽车的技术水平与燃油汽车基本在同一起跑线上。三大核心零部件电池、电机、电控在中国都有较强的基础。所以,换到新能源汽车这个赛道上,中国才有可能实现"超车"。

最关键的还是动力电池。实事求是地说,中国动力电池的研发水平和国际先进水平相比差距并不大。比如电池的能量密度,根据日本新能源与产业技术综合开发机构(NEDO)的数据,2010年美国、欧洲国家、中国动力电池的比能量都在100 W·h/kg左右。据我国的发展规划,在2020年、2030年动力电池比能量分别达到300 W·h/kg、500 W·h/kg,德国分别是350 W·h/kg、400 W·h/kg,日本分别是250 W·h/kg(电池包)、500 W·h/kg。我国科技部于2016年主导了比能量为300 W·h/kg的动力电池重大专项,宁德时代、国轩高科、天津力神等企业到2020年都完成了300 W·h/kg的目标。但中国动力电池在工程能力(即制造水平)方面和日本、韩国等发达国家相比仍有差距。这体现在电池的一致性和可靠性上,对汽车整车厂来说也是至关重要的。

2015年前,中国的动力电池产业遭到了日本、韩国"电池巨头"企业的猛烈进攻。它们以质量的优势、微亏的价格,全面向中国电动汽车企业渗透动力电池,妄图阻碍中国动力电池产业的发展。为此,国家工信部于2015年5月1日实行了《汽车动力蓄电池行业规范条件》(以下简称《规范条件》),对国产动力电池产业进行了有效的保护。

在此后的不到5年的时间里,中国的动力电池无论在技术水平还是制造能力上,都有了突飞猛进的发展。换句话说,中国的动力电池企业可以和国外动力"电池巨头"抗衡了!所以,工信部于2019年撤销了《规范条件》,中国的动力电池产业也基本上没受影响。

目前,中国的新能源汽车实现了产销量连续8年领先世界(图7),做到了名副其实的"换道超车"。

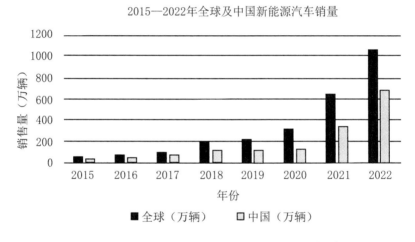

图7　2015—2022年全球和中国新能源汽车销量

四、发展展望——下一代动力电池长什么样?

目前,汽车电动化已经成为全球不可逆转的趋势。世界各国都制定了相应的燃油汽车退出的"禁燃时间"和新能源汽车渗透率的发展计划,如图8所示。

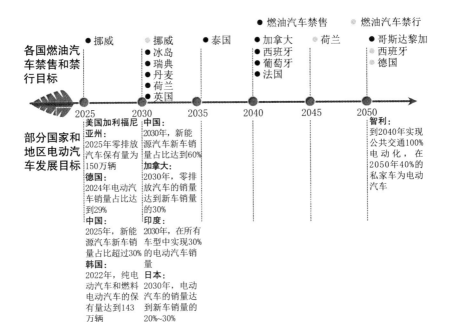

图8　世界各国汽车禁燃时间表

然而，电动汽车要彻底取代燃油汽车，对电动汽车及电池的要求是：① 续航里程要和燃油汽车相近，一般为500～700 km；② 充电时间要和加油相近，一般在10 min之内；③ 电池使用寿命要和整车等寿命；④ 售价要和燃油汽车相近。

所以，动力电池相应的开发目标就是：① 不断地提升能量密度；② 提升快充性能；③ 提升循环和使用寿命；④ 不断降低成本。当然，最重要的是，电池一定要安全。

关于提升能量密度，根据我国制定的《节能与新能源汽车技术路线图》1.0和2.0版本，三元电池的比能量发展目标是300 W·h/kg（2020年）、400 W·h/kg（2025年）、500 W·h/kg（2030年）；铁锂电池为200 W·h/kg（2025年）、250 W·h/kg（2030年）、300 W·h/kg（2035年）。

三元电池是以三元材料（镍、钴、锰的氧化物）为正极材料的电池，按镍、钴、锰的比例又分为111、523、622、721、811及9系等。这里镍是对能量密度贡献的主要元素。三元111电池单体的比能量约为168 W·h/kg，622电池单体的比能量约为210 W·h/kg，高镍811电池单体的比能量可以达到250～290 W·h/kg。

电池要达到300 W·h/kg的比能量，正极材料一般要使用8系的三元材料，负极要使用石墨掺混部分硅材料；或正极使用高电压的7系材料，负极使用石墨。

实现400 W·h/kg的比能量目标，采用的一般是固态或半固态电池的技术路线。固态电池是指负极使用金属锂，用固态电解质代替液态电解液的电池。由于锂金属在电池充放电的时候会产生"锂枝晶"（像树枝一样的晶体须），从而刺穿隔膜，导致电池燃烧爆炸，因此必须使用固态电解质来阻挡锂枝晶。

目前固态电池还存在许多技术问题亟待解决。比如，由于使用了固态的电解质颗粒，因此它们和正负极材料的颗粒之间的接触就存在一定的问题（接触面积小、电池充放电膨胀造成颗粒间脱离等）。再比如，金属锂在循环的过程中会产生"粉化"现象，致使循环寿命大幅降低。

为了解决这两大难题，"半固态电池"应运而生。半固态电池是在正极三元材料颗粒表面、隔膜表面涂覆一层固态电解质，同时注入少量电解液，这样既解决了安全问题，又使得全固态电池的"接触界面"问题得到了较好的解决。目前半固态电池一般使用的是石墨掺混的硅负极材料,正极则是9系左右的高镍三元材料。比能量可以达到350~400 W·h/kg,且可以通过严苛的安全测试(如针刺测试、180 ℃热箱测试等)。

要实现动力电池比能量达到500 W·h/kg的目标,需要开发锂空气电池、锂硫电池等。锂空气电池是以金属锂作负极,氧气作正极的电池。锂硫电池是以金属锂作负极,硫作正极的电池。这两种电池目前都还处于研发阶段。

关于提升电池的快充性能,一般从材料、电池、系统等方面着手。在材料方面,需要采用能快速嵌入锂离子的负极材料,即材料颗粒的尺寸要小,这样才能使得快速充电时大量的锂离子能嵌入到负极材料内部;在电池方面,适当减小正负极片的面密度是一种有效的手段。还可以添加少量的纳米导电纤维,使之形成导电网络和导离子网络,也能显著提高充电速度;在系统方面,就要求采用低电阻的导线及连接方式,以降低快速充电时的发热量。快速充电最重要的还是安全问题,因为快速充电会造成"析锂"现象,即锂离子不能完全嵌入负极材料而沉积在负极表面,造成安全隐患。但这种情况一般发生在充电末期,所以目前一般采用充电到后期就叫停的办法,可以大大提高电池的充电速度。目前快充的水平可以达到充电10 min,续航400 km的水平。随着技术的不断进步,有望达到充电5 min,续航400 km,这就和燃油汽车加油不相上下了。

关于超长循环寿命电池的开发,目前一般采取的是选用长寿命的正负极材料、合适的电解液添加剂、预锂化技术等。我们知道,硅负极材料循环性能差是因为在电池充放电过程中硅材料会发生膨胀。那么反过来,要想提高电池的循环寿命,就要选用膨胀小的材料。电解液添加剂也很重要,因为在循环过程中电池性能的衰减往往和负极表面SEI膜的生长有关。生长得慢且薄,电性能就衰减得慢,循环寿命就长。预锂又叫补锂,是补充电池在循环过程中损失的锂离子,可以大大提升电池的循环寿命。通过这些技术,目前锂离子电池的循环寿命可以达到12000周以上。

关于降成本,一方面,通过技术的不断进步、生产规模的不断扩大,可以较大幅度地降低成本;另一方面,在资源选择上,根据不同的需求采用不同的电池,可以更好地适应市场的需求。比如,续航里程为600 km以上的车,主要选用三元电池,而600 km以下车可以以磷酸铁锂电池为主。毕竟,磷酸铁锂电池具有明显的成本优势。更重要的是,磷酸铁锂电池所使用的磷、铁等资源都是非常丰富的。而三元电池所依赖的重要资源如钴,是很稀缺的,全球钴资源储量只有687.5万吨(表1),且约一半集中在刚果(金)。

表1　全球钴资源储量(USGS)

国家	2018年产量/吨	产量份额/%	2018年储量/万吨	储量占比/%
刚果(金)	90000	66.32	340	49.45
澳大利亚	4700	3.46	120	17.45
古巴	4900	3.61	50	7.27
菲律宾	4600	3.39	28	4.07
加拿大	3800	2.80	25	3.64
俄罗斯	5900	4.35	25	3.64
马达加斯加	3500	2.58	14	2.04
中国	3100	2.28	8	1.16
其他国家	15200	11.21	77.5	11.28
全球	135700	100.00	687.5	100.00

钴资源的稀缺必然会造成钴价格的上涨,特斯拉不久前宣布要使用"无钴电池"正是基于此原因。

"换电"也是一个重要的发展方向。所谓"换电"就是电池可以更换。这样一方面可以实现车、电分开销售,降低新车售价,另一方面可以解决"续航里程焦虑"问题,因为换电池通常在5 min内就可以完成,和加油时间不相上下。

今后,汽车的发展方向是智能化、电动化、共享化,无人驾驶汽车在不远的将来一定会实现。如果把智能机器人和动力电池集成在一起,使之既能驾驶汽车而本身又是一块超高能量密度的电池,这样的电动汽车就可以畅行世界了。图9是"换电机器人"的示意图,这款机器人既是一块电池,又是聊天工具。尽管这只是一个创新的想法,但相信随着技术的不断进步,一定会有很多新奇的产品问世,让我们共同期待!

图9 智能机器人既是电池又能陪你聊天

邢 凯

中国科学技术大学副教授、博士

中国科学技术大学副教授，先后于中国科学技术大学和乔治·华盛顿大学获得学士和博士学位，曾于国际货币基金组织工作。

长期从事大数据与云计算、金融/医学数据挖掘、群智感知计算及物联网/互联网等领域研究工作。负责相关的国家自然科学基金重点项目研发，参与多项"973计划"、国家科技重大专项、国家发改委重点专项。

2013年与来自普林斯顿大学、加利福尼亚大学伯克利分校、麻省理工学院、苏黎世大学等世界知名高校的二十余名教授一同荣获Intel"青年学者"称号。2015年获得军队科技进步奖一等奖。

生成式人工智能——
人类文明的又一次破茧而出

一、引言

生成式人工智能（AIGC）发展的标志性事件是2022年底美国人工智能公司OpenAI推出ChatGPT①，其一经问世就受到了人们的广泛关注，短短5天时间用户量即突破100万，2个月内超过了1亿，打破了一众互联网应用普及的历史记录。AIGC技术的核心思想是由人工智能生成具有指定创意和质量的内容，其可以根据输入的条件或指导，生成与之相关的内容，包括文本和图像生成、语义搜索与问答、数据挖掘与分析、机器翻译以及计算机代码生成等。

以ChatGPT为代表的AIGC模型在认知领域具有先天的优势，在当前已展现出强大的通用语言理解、生成和推理能力，其已能够自然顺畅地与人类对话，以交互式人机对话的形式提供多种服务，并在提供服务的过程中，能深入理解人类的指令意图，即使出现偏离主题的情况，也能够根据人类的反馈智能地进行修正。以ChatGPT为代表的AIGC目前已被广泛应用于科技、教

---

① 来源：OpenAI, https://chat.openai.com。

育、娱乐、新闻、制造、科技和艺术等多个领域，展现了广阔的应用前景。

从技术的底层逻辑推断其能力上限，AIGC不仅具有以上提到的生成能力，如果经过更进一步的工具链整合，还可以具备各类信息资源的梳理、思考、推理甚至是决策执行的能力，即AI智能体。

在OpenAI推出不到一年后，在2023年9月13日，美国参议院举行了一次名为"人工智能洞察论坛"的闭门会议[①]，会议聚齐了目前AI领域的风云人物，包括特斯拉公司和太空探索技术公司（Space X）的首席执行官（CEO）马斯克、Meta公司CEO扎克伯格、英伟达公司CEO黄仁勋、谷歌公司CEO皮查伊以及OpenAI公司CEO山姆·奥特曼等，讨论AIGC的"文明风险"。

这次会议将一个问题抛给了所有人：AIGC技术与其他技术有何不同，竟然具有上升到人类"文明风险"的影响力？在回答这个问题之前，我们可以从以下问题的探索中尝试理解AIGC与推动人类文明发展和变迁的关键因素之间的联系。

二、回顾：人类文明的发展变迁之路

1. 语言的诞生——人类进化史中最重要的一次飞跃

从远古到现在，从陆地到海洋，为什么最终成为地球主宰者的是人类这样不起眼的动物，而不是老虎、鲸鱼这样的陆地或海洋王者？

从垂髫小儿到古稀老人，常常会对这样的问题抱有好奇。以

---

① 来源：https://m.thepaper.cn/newsDetail_forward_24621338。

色列著名历史学家尤瓦尔·赫拉利(Yuval Harari)在《人类简史：从动物到上帝》一书中，将历史和科学结合起来，讲述了智人从一种不起眼的动物到地球主宰者的漫长演化史，并认为其间发生了三次关键性的革命：认知革命、农业革命和科学革命。

其中，认知革命的关键就来自人类进化史中最重要的一次飞跃：语言的诞生。我们的祖先通过语言在彼此间交流复杂的思想、经验和知识，传播有关生存、环境和社会动态的重要信息，促进彼此间的合作和发展，并使得知识能够口口相传。正如尤瓦尔·赫拉利在书中所讨论的，认知革命标志着智人从不起眼的动物到能够进行复杂交流并进行抽象思维的生物的转变，在知识口口相传和积累的同时，还使得人类能够以前所未有的规模进行合作。人类由此在一定范围的时间和空间上相较于其他动物确立了优势，并不断累积和扩大，由此逐渐从不起眼的动物成为了地球的主宰者。

而从狩猎采集文明、游牧文明向农业文明的转变则是人类文明发展史上的又一个关键时刻。人类有长达250万年的时间靠采集和狩猎为生，狩猎采集文明、游牧文明逐水草而居，期间知识传承在很大程度上依赖口头传授。而语言存在无法大范围跨越时间和空间的局限性。例如靠记忆可以背下一首诗或文章，但即使100个人，也不可能做到像百科全书一样记录所有知识。于是人类发明了文字，将知识编码到可以保存和代代相传的符号系统中。由此人类不仅解决了语言的时空局限性，而且自然而然地形成了知识自动积累的强大能力。

以定居生活方式和粮食生产为特征的农业社会，在文字出现后，实现了知识传承方式的革命性转变，其可以通过书面文字来系统地保存和传播农业技术,从而推动技术进步和创新,由此实现了粮食生产的大量剩余,并使得专业化分工成为可能,这反过来进一步促进了各个领域的知识发现与社会组织形态的完善。而随着造纸术和印刷术的诞生,知识传承,包括信息的获取、传播和保存,得以大尺度地跨越时间和空间来进行,农业文明由此建立起相对于狩猎采集文明、游牧文明的累积优势。

从以上不难看出,语言和文字可以被视为人类表达经验、知识和想法的工具。这种知识的表达在人类文明的发展中发挥了至关重要的作用,实现了代际信息共享、狩猎和农业等复杂活动的合作。而当人类能够基于科学的方法来认识和理解世界时,科学就成为了人类认识、理解和表达事物的最有力的工具,语言和文字则在其中作为人类对世界的科学认知和思维的载体,承载了人类所掌握的知识体系,并由此引发了尤瓦尔·赫拉利所说的科学革命。此后,人类利用自然和改造自然的能力得到了超乎想象的提升,并很快从农业文明进入到了工业文明。

当我们通过语言和文字的视角来探索这些转变时,会发现在这三次革命的背后,都有一条主线:以语言和文字为代表的知识发现与传承,包括知识的表达、传播和保存。语言和文字使得人类对世界的认知和理解能够一代代的传承和积累,使得人类能够继往开来,不断征服新的领域并推动人类社会进步,并最终使得人类文明积跬步而至千里。那么,当人类的知识体系可以通过AIGC进行表征并在其上构建世界模型时,其相较于其他技术,是否具有上升到人类文明层级的影响力呢?(图1)

·未来已来·

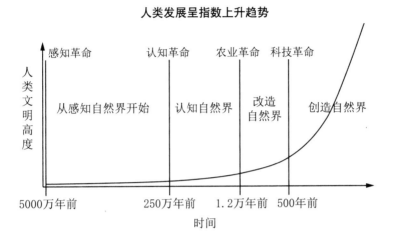

图1 人类简史①

2. AIGC——新一代的语言和文字

20世纪著名哲学家路德维希·维特根斯坦（Ludwig Wittgenstein）曾说过："我语言的边界，就是我世界的边界"，并在其代表作《逻辑哲学论》和《哲学研究》中，深入探讨了语言与世界的关系。他的思想提供了一个思考语言、表征、知识与世界关系的框架，其最初的《逻辑哲学论》中的"语言图像论"认为："世界是一切事实的总和，而语言是命题的总和，命题是事实的图像。"举例来说，当我们说"天是蓝的"这个命题的时候，我们说出来的命题就是一种抽象的事实的图像，这种感觉就像我们听到这句话时，会在脑海中浮现"天是蓝的"这样的画面一样。所以，客观事实和语言命题之间有一种逻辑对应关系，而语言是命题的总和，世界又是事实的总和，那么最后就得出了语言和世界的关系，语

---

① 来源：新浪科技《人工智能统治人类？先得打开认知智能这扇门》（周熠）"科学大家"专栏、墨子沙龙。

言可以揭示世界的逻辑关系。同时，维特根斯坦的"逻辑原子论"认为，复杂的命题可以由简单的原子命题建立起来。同样，人类的知识和技能也是从基本的方法、基础的元素演变为复杂的知识系统。

从这个角度来看，如果这样的逻辑对应关系存在，理论上是可以被AIGC所发现的，那么利用AIGC来从中建构出人类的自然语言到世界知识体系的映射也自然有了可能。

而维特根斯坦后期的哲学思想发生了大幅转变，他认为日常的自然语言太丰富了，不存在一套可以解释世界、解释一切的语言。而且数理逻辑创造出来的语言一般对语境的问题处理得不太好，所以他认为语言没有本质，因为语言随着生活和时间会有所变化。同时，维特根斯坦认为："凡不能言说的，就必须保持沉默。"即人类经验的某些方面也是无法用语言捕捉的。

从高维空间映射和表征的角度来看，维特根斯坦早期的《逻辑哲学论》和后期的《哲学研究》也许并不矛盾。人类知识体系是建构在人类对世界的认知、理解之上的，这样的知识体系必然是在高维空间中才能充分表达的。语言可以看作知识从高维向低维的投影，不同方向和角度的投影必然带来低维的多样性和丰富性；反过来看，基于低维的语言来表达高维的知识体系，也必然存在信息损失。

从当前AIGC的发展来看，AIGC可以基于自然语言理解，在统一的高维空间中建构出知识表征和世界模型。那么，具有在统一的高维空间中表征知识能力的AIGC自然也具备了在高维空间中描述事物（以往人类语言所不能言说的事物）的能力，这是不是标志着人类（语言能力）的又一次突破呢？

三、生成式人工智能和知识发现与传承

1. 知识的高效压缩

AIGC虽然表现出了惊人的自然语言理解、生成和推理能力，但一些学者仍然对此能力的真实性抱有疑虑。2021年，华盛顿大学语言学家埃米莉·本德（Emily M. Bender）发表了一篇论文，认为大语言模型不过是"随机鹦鹉"（stochastic parrots），其并不理解真实世界，只是基于概率来像鹦鹉一样随机产生看起来合理的字句①。这和许多人的AIGC使用感受相似，即AIGC模型有时会给出不合逻辑的回复。而由于神经网络的可解释性研究迟迟没有突破，学术界也对语言模型是不是"随机鹦鹉"的问题难以给出一个确定的答案。

直到最近，来自哈佛大学、麻省理工学院的研究人员共同发表了一项新研究"Othello-GPT"②，在简单的棋盘游戏中验证了内部表征的有效性，他们认为语言模型的内部确实建立了一个世界模型，而不只是单纯的记忆或是统计，不过其能力来源还不清楚。2023年10月初，麻省理工学院的两位学者在arXiv网站上提交了进一步的证据：大语言模型能够理解世界，其不仅能学习表面的统计数据，还能够学习和理解包括空间和时间等基本维度的

---

① Bender E M, Gebru T, McMillan-Major A, et al. On the Dangers of Stochastic Parrots: Can Language Models be too Big?[A]. In: ACM. Proceedings of the 2021 ACM Conference on Fairness, Accountability, and Transparency[C]. New York: Association for Computing Machinery, 2021: 610-623.

② Noever S E M, Noever D. Word Play for Playing Othello (Reverses)[Z]. arXiv preprint arXiv, 2207.08766, 2022.

世界模型[1]。这两项工作初步揭示了AIGC具有理解、认知并建构世界模型的能力。

而从AIGC背后的大模型的本质来看,其基本原理也支持这一判断:在统一的高维空间中对信息进行表征并建构模型,以这样的方式将人类自然语言中所蕴含的知识体系通过AIGC背后的大模型进行表征并建构世界模型,这在某种程度上可以看作一种高效的信息压缩。这也验证了OpenAI公司的科学家杰克·雷亚(Jack Rae)在参加斯坦福大学"机器学习与系统会议"(Stanford MLSys Seminar)的访谈时,在名为"大语言模型进行无损压缩"(compression for AGI)的主题分享所提到的,通用人工智能(AGI)基础模型的目标是对有效信息最大限度地无损压缩,以及OpenAI公司就是在这个目标和路径下创造了ChatGPT[2]。

那么随之而来的一个问题是,当人类的知识体系可以通过AIGC进行表征并在其上构建世界模型时,人类传统的知识传承体系和方法相对于这样的方式来看,无疑是低效的,那么与之对应的教育、学习、研究体系将向何处去?这一挑战对人类的影响是深远的,对人类传统教育和学习体系的冲击是巨大的。

2. 知识的高效发现

图灵奖得主吉姆·格雷(Jim Gray)于2007年提出科学研究的经验范式、理论范式、计算范式、数据驱动范式四种范式[3]。当

---

[1] Gurnee W, Tegmark M. Language Models Represent Space and Time[Z]. arXiv preprint arXiv,2210.02207, 2023.

[2] 来源:https://www.bilibili.com/video/BV1js4y1D7gz/? spm_id_from=333.337.search-card.all.click。

[3] 来源:http://research.microsoft.com/en-us/um/people/gray/talks/NRC-CSTB_eScience.ppt。

前，许多科学家认为科学研究正在迎来新的范式——第五范式，科学智能（AI for science，AI4S），即人工智能驱动的科学研究，是利用AI的技术和方法，去理解和认知自然界和人类社会的各种现象和规律，从而推动科学知识的发现和创新，如求解薛定谔方程和纳维-斯托克斯方程、加速分子模拟、赋能药物设计、加速材料研发等。

从天文到气象，从化学实验到药物设计，从物理基础定律到等离子体构型，科学家已经在人工智能的帮助下得以从不同维度抽取知识并融合，并由AIGC辅助科学家在不同的假设条件和方向下快速进行验证和探索，对各种现象和规律进行归纳、理解和分析，由此节省大量重复低效的试错开销，从而大大加速科研探索的进程，这将为科学研究带来新的范式和机遇。其中的典型代表是最近获得2023年拉斯克奖的AlphaFold团队，解决了困扰科学家50年之久的蛋白质三维结构预测难题[1]。

四、知识工具化，工具智能化，智能具身化的AIGC对生产力和生产关系的影响

AIGC的能力是否止步于以上提到的文本和图像生成、语义搜索与问答、数据挖掘与分析、机器翻译以及计算机代码生成？其实AIGC的能力上限远不止如此。2023年4月，Github（软件项目托管平台）发布了一项名为AutoGPT的开源项目[2]，一个由GPT-4驱动的可以自主实现用户设定的任何目标的开源应用程序。

---

[1] Jumper J, Evans R, Pritzel A, et al. Highly Accurate Protein Structure Prediction with AlphaFold[J]. Nature, 2021, 596(7873): 583-589.

[2] 来源：Github:https://github.com/Significant-Gravitas/AutoGPT。

当用户提出一个需求或任务时,AutoGPT会自主分析问题,给出具体的执行计划并开始执行,直到完成用户提出的要求。这个过程,类似于柏伊德循环(Boyd cycle),其是由美国空军上校约翰·柏伊德提出的决策方法。这个方法是一个循环,由观察(observe)、调整(orient)、决策(decide)与行动(act)组成,反复进行(图2)。

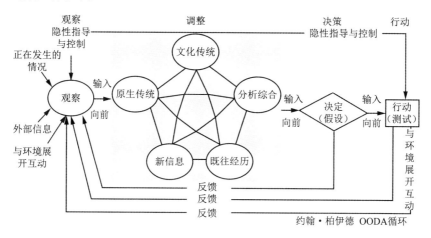

图2 柏伊德循环

更进一步,卡内基梅隆大学化学系的学者[①]和中国科学技术大学化学系的江俊教授团队[②]开始尝试设计了基于多个大模型的AI智能体,其能够一步一步地解决从化学药物的合成实验到新型抗癌药物的研发设计问题,AI会自己上网查文献,自主获取所需的信息,集成不同数据源,写出超级高质量的代码,自主推进实验设计,并在实验过程中精确控制仪器。从图3中不难看出,AIGC

---

① Boiko D A, MacKnight R, Gomes G. Emergent Autonomous Scientific Research Capabilities of Large Language Models[J]. arXiv preprint arXiv:2304.05332, 2023.

② Xiao H, Zhang F, Zhu Q, et al. AI-chemist for Chemistry Synthesis, Property Characterization, and Performance Testing[J]. Scientia Sinica Chimica, 2023, 53(1):9-18.

不仅具有内容生成能力，经过一系列工具链整合，还可以具备各类信息资源的梳理、思考、推理、决策和行动的知识工具化、工具智能化、智能具身化的能力。

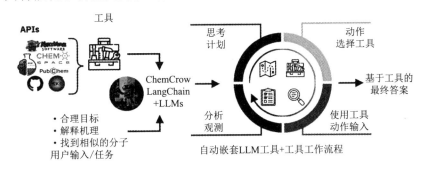

图3 化学家的应用程序商店①

那么，接下来一个不可回避的问题是：人工智能的能力将会比人类高出很多，且不知疲倦，以往被视为最难替代的脑力劳动都能够被人工智能替代。那么，人类的工作都可能会被机器人取代，生产力三要素中的劳动者被人工智能取代后，生产力和生产关系如何变化？一代人何去何从？

在现实生活中，这一趋势不难看到，现代化工厂的产线上，工人越来越少，有些行业甚至实现了无人车间、无人工厂。与之对应的，是越来越多的灵活就业的人口。由央视公布的我国灵活就业人数已经超过2亿人，其中快递、外卖和网约车占前三。但是，未来随着自动驾驶和机器人的成熟应用，网约车、快递、外卖的劳动者也会被大量替代。一言以蔽之，以人工智能为特征的技术革命与历史上的技术革命存在本质差异：人工智能在大规模替代劳动者的同时，并未为社会创造净新增的、有同等收入和价值的工作机会。

---

① 来源：https://twitter.com/DrJimFan/status/1646565001107501057。

如果在以人工智能为代表的第四次工业革命中,任由人工智能大规模取代劳动者参与生产和服务,经济学中的主要生产要素将只剩资本和科技两项。那么在西方私有制为主的国家中,人类可能只需要用原来10%甚至更少的岗位,就足以保障经济的良好运转,80%~90%的人口成为多余人口,显然这样的社会无法稳定,这也导致了西方的"零元购"等现象层出不穷。这样的情况在马克思的《1844年经济学哲学手稿》中就曾指出:"工人生产的财富越多,他的产品的力量和数量越大,他就越贫穷。工人创造的商品越多,他就变成廉价的商品。"这是因为在资本主义生产方式下,随着生产力的发展,劳动者必然面对经济、社会、政治上的"减权"与"剥夺"(disfranchisement),劳动者在整体上只得到维持劳动力再生产的收入,贫富差距由此而产生,并因此而积累。因此,如果生产关系不做改变的话,"资本+科技"的资本主义生产方式将在以人工智能为代表的第四次工业革命中不断分走更多的价值。

五、AIGC 的数理挑战

AIGC技术的背后,直观来看是一系列百亿级甚至是千亿级参数规模的大语言模型(large language model,LLM),其本质是对有效信息最大限度的无损压缩,也可以视为知识在统一高维空间的高效映射与表征。举一个形象的例子,AIGC进行内容生成的过程如同人读侦探小说的过程,有经验(较好的LLM模型)的"人"(指AIGC)在读完前几十页的内容时,就已经可以通过思考和推理(指LLM)生成出整本小说的脉络和基本内容。这一过程中的数理基础有一部分已经解决。其中，AIGC技术的基础神经网络在上世纪已经被证明能以任意精度拟合任意复杂度的函数或曲线。直观上，1个神经元感知机可模拟与、或、非3种运算，多个神经元感知机组成的包含隐层的神经网络可以模拟异或运算；同样地，可以以类似的方式建构脉冲、积分函数和分类函数等。因此，只要神经网络的深度、宽度和神经元个数充分多，理论上可以拟合任意函数。在这个意义上，神经网络是有能力保障信息的无损变换（压缩）的。这为AIGC对有效信息进行最大限度的无损压缩提供了理论支撑。

AIGC另外一个显著不同于以往神经网络模型的特点是泛化性。泛化是指从已知推到未知的过程，如何从已经观察到的数据中，了解到关于可观察数据外的数据规律。不同于以往关于泛化即压缩的观点，笔者认为，泛化性与信息压缩之间的联系并不是必然的，而可能与因果性和可解释性紧密相关。在当前AIGC的研究中，一个显著不同于其他学术领域的地方是，性能强悍的AIGC模型如GPT-4等都来自拥有海量算力和海量数据的平台企业，如微软支持的OpenAI、谷歌、Meta以及国内的百度、讯飞等企业。这其中是否隐含着一些不为人知的联系？

考虑到AIGC的本质是知识体系在统一高维空间的高效映射与表征，既然是知识，必然蕴含了规律，其因果性是内蕴的。但要从数据里面提炼这些知识（因果性）并不容易。在数据处理过程中，即使发现了成千上万个相关关系，其中也不一定会有一个因果关系。因此，要训练出AIGC，并提炼出这些知识（因果性），最直接的办法就是穷举所有的相关性，这必然要求海量数据和海量算力。而兼具海量数据和海量算力的机构屈指可数，这也许是当前性能强悍的 AIGC 如 GPT-4 等都来自拥有海量算力和海量数据的平台企业的真实原因。那么随着人工智能相关数理基础研究的进展,有没有可能不需要海量算力和海量数据,一般人也能做出 GPT-4 一样的 AIGC 呢?这是学术界一直努力的方向,也是未来 AIGC 技术研究值得期待的结果。

在 AIGC 的发展过程中,仍然有多个基础数学问题是亟待解决的。纽约州立大学石溪分校顾险峰老师提供了深度学习的一个几何解释并指出,基于流形分布定律(manifold distribution law),需要模型来学习的某个特定概念可以被视为嵌入高维背景空间中的低维数据流形上的某个概率分布,那么深度学习算法可以被解耦为学习流形结构和学习概率分布。其流形结构可以被表示为编码器(解码器),其概率分布则可以被表示成吉布斯势能函数,即数据分布。

考虑到神经网络具有拟合任意函数的能力,是理想的编码器(解码器)。那么更多的挑战将来源于在神经网络结构中学习概率分布之间的传输映射。考虑到当前深度神经网络只能逼近连续映射,其神经网络结构中概率分布之间的传输映射有可能在奇异点处间断,尤其是考虑到高维空间上的曲面常常具有奇异集合,这样的传输映射往往是非连续的,这样的非连续性将如何处理?这一问题超出了当前 AIGC 和其他深度学习模型的能力范畴,而这一问题的解决相信与人工智能的可解释性和泛化性息息相关。

在最近的理论研究中,最优传输理论被视为能从根本上克服以上瓶颈问题的一个突破口,笔者也在图像、自然语言多个领域的不同人工智能模型和数据集上做了些许尝试,初步对以上方向进行了实证,希望能抛砖引玉,有机会和读者共同探讨,共同学习。

六、结语

AIGC对人类社会的意义是里程碑式的,是人类文明的加速器,从语言文字、知识发现、数理研究到生产力与生产关系,既是人类文明的机遇也是挑战。短期来看AIGC改变了经济和生活中的生产、学习和研究工具,中期来看会重塑社会的生产关系,长期来看将促使整个社会生产力发生质的突破。

胡小丽
中国科学技术大学特任副研究员、博士

中国科学技术大学管理科学与工程博士，合肥微尺度物质科学国家研究中心博士后，现任中国科学技术大学管理学院特任副研究员，中国科学技术大学科技战略前沿研究中心特聘研究员。

主要从事人工智能与领导力的交叉研究、科技信息智能平台研究、新能源材料研究。主持国家自然科学基金青年基金项目、中国科学院战略研究与决策支持系统建设专项项目等，参与科技部创新战略研究专项、中国科学院学部咨询项目等。曾在 *Energy*, *Journal of Knowledge Management*, *Journal of Managerial Psychology*, *Ecological Indicators*,《管理科学学报》等国内外核心期刊发表多篇论文。

看见未来——
元宇宙技术与产业

未来学家凯文·凯利（Kevin Kelly）在他的新书《5000天后的世界》中提出这样一个观点："科技是有生命的，一些尚处于萌芽状态、常被人忽略的科技创新将迸发出巨大的社会影响力。"比如，受益于AI技术的高度发展，我们可以预见未来人们的工作方式必将发生巨大的变化，数百万人一起工作的场景将不断涌现。大规模的跨界协作需要特定的工具，包括AI智能眼镜、数字资产与区块链技术、实时自动翻译技术等。再如，所有人都可以免费试用软件工程制造自动驾驶电动车，但是需要价格合理的智能眼镜实现远程协作。

同样，凯文·凯利也提出，从颠覆性技术的发展史来看，一个领域的主导者往往无法在下一时代的舞台上继续称雄，5000天后的科技产业主导者也将发生更迭。比如，硬件时代的赢家是IBM公司，许多公司都希望与制造计算机的IBM公司抗衡，但是没有一家成功；然而，仿佛就在一瞬间，IBM公司走下宝座，因为计算机发展到了一个不再聚焦硬件而是更加注重软件的时代，取而代之的赢家是做出Windows系统的微软公司；新一轮竞争后，搜索引擎时代到来，谷歌公司走在最前面；如今的社交媒体时代，数以千计的公司都在与脸书（Facebook）竞争。正如凯文·凯利猜想，下一个时代与AR技术相关，下一个胜出者很有可能是AR技术赋能的科技公司（图1）。

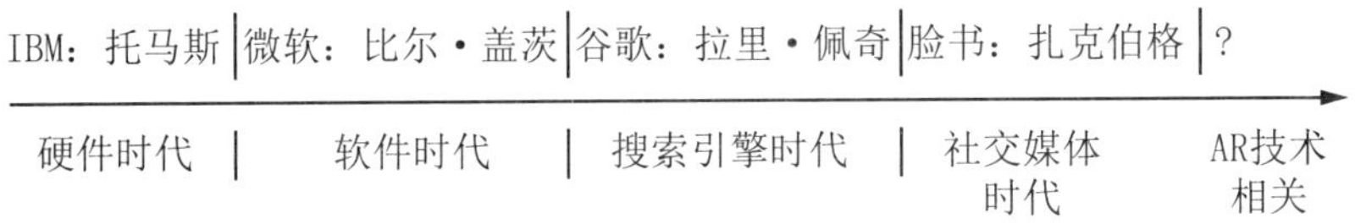

IBM：托马斯	微软：比尔·盖茨	谷歌：拉里·佩奇	脸书：扎克伯格	?
硬件时代	软件时代	搜索引擎时代	社交媒体时代	AR技术相关

图1 科技产业舞台主导者的更迭

5000天以后、数百万人一起工作、AI智能眼镜、区块链技术、AR技术……这些被凯文·凯利反复提及的代表未来的词汇，其实都契合了元宇宙体系特征。

一、何为元宇宙？——与现实世界高度互通的平行虚拟世界

1990年，钱学森院士在致汪成为的手稿中，就提到"virtual reality"（虚拟现实），并欲将它翻译为具有中国味的"灵境"，使之应用于人机结合和人脑开发的层面上。钱学森在手稿中还强调了这一技术将引发一些震撼世界的变革，成为人类历史上的大事。"virtual reality"现在被认为是元宇宙的最初形态。在2021年之前，元宇宙仅仅是一个科幻概念，存在于科幻小说、影视作品、网络游戏中，最具代表性的是科幻作家尼尔·史提芬森（Neal Stephenson）于1992年创作的科幻小说《雪崩》中充满神奇"魔法"的互联网"Metaverse"，后来这一概念又衍生为由计算机模拟的、与真实世界平行的一种虚拟空间。

2021年被称为"元宇宙元年",这一年Facebook对外公布更名为"Meta",来源于"metaverse"(元宇宙);也是在这一年3月,元宇宙概念第一股罗布乐思(Roblox)公司在美国纽约证券交易所上市,首日市值突破380亿美元;随后,腾讯、字节跳动等互联网巨头企业争先加入元宇宙赛道……随着新技术的不断完善与融合,"元宇宙"相关产业广受社会关注,相关技术概念以指数级速度在全球范围、全产业链、全行业迅速传播。

可以看到,随着技术的演进以及社会应用场景需求的更新,元宇宙本身的概念仍在不断演变、升级,大多指向虚拟时空的集合,与现实世界映射交互,又独立于现实世界。目前,被社会广为接受的是清华大学发布的《2020—2021年元宇宙发展研究报告》中给出的定义,即元宇宙是整合多种新技术而产生的新型虚实相融的互联网应用和社会形态。元宇宙具备"人机融生"特性,具体表现为自然人在与整个元宇宙(普适计算)的融合与交互中,获得感知力、决策力、行动力的增强(图2)。20世纪80年代中期,罗德尼·布鲁克斯(Rodney Brooks)提出AI不应仅仅注重对思辨能力追求,更要重视AI具身化,作为与真实世界的交互工具。元宇宙场景如同一个具身性[①]的互联网,主打的是"身临其境",即通过连接在身体不同部位的传感器、AR和VR(虚拟现实)等终端设施,将技术嵌入身体,让人的身体能够感受到场景刺激,同时身体各项动作也可以实时反馈到虚拟场景之中,成为信息互动交流的构成部分,与现实连通,创造性游玩、开放式探索。

---

① 具身性是指人类身体所包含的生理和感知方面以及与环境进行互动的能力。

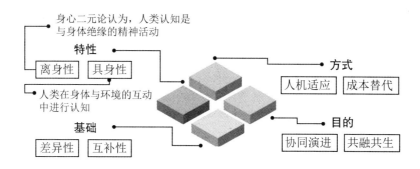

图 2 元宇宙的"人机融生"性质

二、元宇宙技术构建——互联网系列技术创新之和

元宇宙本身不是一种技术,而是一个虚实相融的理念和概念。其发展有三个最为显著的特征:一是具有自我进化功能。元宇宙的发展是循序渐进的,是在共享基础设施、标准及协议的支撑下,由多项技术、工具、平台不断融合、不断迭代出新的功能,最终进化而成的。二是具有高技术综合性。元宇宙的发展需要整合不同的前沿技术,涵盖技术的硬件层面的进化、软件层面的迭代、内容方面的支持和基础设施的建设等。三是具有一套自有经济系统。基于NFT(non-fungible token,非同质化代币,具有不可替代性、不可分割性,拥有独特且唯一的标识,两者不可互换,最小单位是1)规则的泛货币金融体系是元宇宙时代的新经济货币体系,在区块链技术的支持下,实现元宇宙金融体系去中心化和开放互通的属性(图3)。

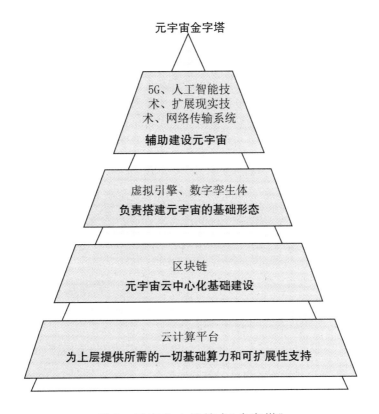

图3 元宇宙支撑技术"金字塔"

目前,元宇宙的核心技术主要有超级算力、区块链技术、虚拟引擎技术、数字孪生技术、网络连接技术、人工智能技术、扩展现实技术七大核心技术。首先,云计算平台(超级算力平台)处于最底层的位置,是元宇宙的算力基础,为上层提供所需的一切基础算力和可扩展性支持,包括云储存、云计算、3D图形的云渲染等完全依赖终端运算。其次,区块链技术居于其上,主要作为元宇宙的去中心化基础设施,是支撑元宇宙经济体系最重要的技术。区块链具有稳定、高效、规则透明、确定的优点,基于去中心化网络的虚拟货币使得元宇宙中的价值归属、流通、变现和虚拟身份的认证成为可能。元宇宙支撑技术"金字塔"第三层是用户可以感知到的虚拟引擎技术（基建工具）和数字孪生技术（世界蓝图），负责搭建起元宇宙的基础形态，这是当前元宇宙建设最为明确也是最为重要的核心技术。人工智能技术（生成逻辑）、扩展现实技术（虚实界面）、5G及未来网络连接技术（通信基础）处于第四层，体现元宇宙的应用和内容，用于辅助建设元宇宙。其中，扩展现实通过计算机将真实与虚拟相结合，打造一个可人机交互的虚拟环境，目前以VR和AR为核心。

三、元宇宙产业特征——下一个科技企业角逐的赛道

1. 元宇宙产业理念焦点是"人"不是"机"

爱因斯坦曾经说过，"想象力比知识更重要！"元宇宙的出现首先是源于人类的好奇心与想象力。有人探索外太空、探索火星，在物理世界中寻求拓展，例如，埃隆·马斯克希望自己葬在火星上，并以拯救人类为使命。地球已发生过5次物种大灭绝，未来5000万年周期内，很可能再发生一次，包括将来发生世界大战或者全球性热核战争。为了实现人类繁衍并继续向更远的地方移民，最适合的方式是在火星进行人类物种复制保存。据估算，未来40年到100年内将有100万人移民至火星。马斯克一生的事业几乎都是他宏大目标使命的副产品，他在大学时就为自己的未来选了五个方向：互联网、可再生能源、太空探索、人工智能及重组人类基因，太阳城、特斯拉、SpaceX等都是他想象力与梦想的产物与见证。当然，还有一批人凭借想象力，向虚拟世界拓展，向平行世界探索（图4）。

火星移民　　埃隆·马斯克

现实物理世界的拓展　　　　　　　　平行虚拟世界的探索

图4　从拓展现实世界到探索虚拟世界

元宇宙产业理念的焦点是"人",不仅因为它来源于人的想象力,也因为它的终端服务是人的感知。在元宇宙里,由于人工智能添加的完美滤镜和自定义滤镜,人类将第一次实现完全的性别平权、容貌平权、交流平权、种族平权、感官平权,缺陷和不平等的消弭将进一步构建更加紧密的人类命运共同体,让个体得到极致满足。所以,元宇宙的本质是人类创造的一个具有无限游戏特征的虚拟世界,是一种思想、希望、欲望和恐惧集合的载体,是精神上理解的世界框架。哲学家詹姆斯·卡斯(James Carse)曾说过,"有限游戏以取胜为目的,无限游戏以延续游戏为目的"。我们以微信、抖音为例,它们具备元宇宙最初形态的特征,在这些线上平台里,每个人都有自己的虚拟身份ID,可以用来社交、购物等,而且用户在线时长不断增加。再如,元宇宙世界中,自然人通过三元一体引擎,实现自然人与虚拟人、机器人在外形、交互、行为、认知层面的一体化生存。例如,某名人在离世前,可通过三元一体的方式,将其在世时的动作习惯、语音、思想复制给其对应的虚拟人与机器人,由此实现自然人、虚拟人、机器人的三元一体。

2. 基础技术革命引领元宇宙产业发展方向

在《量子怪才：保罗·狄拉克传》这本书中，作者格雷厄姆·法梅洛（Graham Farmelo）将科学家比喻为"建筑工人"，将量子科技比喻为"建筑工地"。书中有这样一段描述："50名物理学家共同开展，他们像一群建筑工人，在完成一项共同的工程，'建筑工地'已散布于整个欧洲西北部，没有正式的领导，他们自由地专注于项目中任何他们喜欢的部分，每名工人都有自己最喜欢的工具和自己解决问题的首选方法，有些人从哲学上攻克，有些人从数学上进军，有些人则着眼于实验能教给他们什么。很难看出这些新的想法中哪些是精华、哪些是糟粕，也不清楚谁的解决方法最有前景。最后量子科学理论一座新建筑落成。"可以看到，科学好比大江大河，始于遥远森林的一条溪流，直到奔腾的大河冲破堤坝喷薄而出，其力量最初来自无数不同的源头。同样，融合的技术带来了元宇宙大爆炸！

元宇宙技术底座教科书式的通用分类法是6分法，来自不同技术"溪流"的不同"建筑工人"们共同支撑起这座大厦，比如底层技术支撑有区块链、5G、人工智能、可视化、数据孪生等，前端设备平台包括虚拟主机、VR、AR、智能可穿戴、声控、神经设备等，场景内容入口包括社交、体育、旅游、购物、广告、加密钱包等。这些技术涉及物理、心理、地理、事理、伦理多个领域。在物理方面，元宇宙一方面逼真地模拟了一部分现实世界中的时空规定性，另一方面又超越、解放了一部分现实世界中的时空规定性；在心理方面，交互与认知、安全感、在场感、身份认同、公平等体验感十足；在地理方面，一种发展方向是由AI生成现实世界所没有的地图，另一种是以数字孪生的方式生成与现实世界完全一致的地图；在事理方面，数字背后有一套流动、转化与关联逻辑；在伦理方面，诸多风险也需立法监管。各项技术间呈现木桶效应，元宇宙能够实现到什么样的程度取决于其"短板"技术的发展程度。

3. 科技巨头争相布局

随着元宇宙的兴起，科技巨头成为关注焦点，并为资本提供了新的产业投资方向。中国元宇宙风险投资主要偏向于消费元宇宙、设备和场景，重点投资游戏、社交和娱乐等相关应用领域，对基础技术领域的投资相对谨慎；相比之下，以美国为代表的海外元宇宙风险投资主要投向元宇宙基础设施、游戏及创新探索领域，更加注重对底层技术的研究布局，对全产业链的规划也更加成熟（图5）。以Meta公司为例，在硬件方面，Facebook Connect 2021大会上透露推出代号为"Project Cambria"的高端头戴式显示器和代号为"Project Nazare"的AR眼镜，加上此前的"Oculus"系列产品，Meta公司已投入百亿加强硬件研发；在软件方面，通过布局"Horizon"系列元宇宙产品，实现社交娱乐功能的完善与工作场景优化，包括VR社交平台"Horizon Worlds"，VR居家平台"Horizon Home"及VR工作平台"Horizon Workroom"；在投资方面，从2014年开始共投资了23家与元宇宙相关的公司，涉及智能硬件、软件工具、计算机视觉、游戏等多个领域，比较重要的投资是2014年Meta公司以20亿的价格并购了Oculus VR公司，随后收购了多家与视觉显示技术有关的公司融入到"Oculus"相关产品项目当中。

美国四大互联网科技企业元宇宙布局						中国四大互联网科技企业元宇宙布局				
类型	Meta	Google	Microsoft	amazon	类型	Baidu百度	Alibaba Group	Tencent腾讯	ByteDance字节跳动
感知及显示层	VR/AR OCULUS	语言识别 Wayli	VR/AR体感设备 HOLOLENS Kinect	语言识别 Transcribe Medical	感知及显示层	VR/AR 百度	VR/AR	VR/AR (TenVR)	VR/AR (pico)
应用层	游戏Beat Saber 社交Horizon Worlds 健身Les Mills Body-combat	游戏 STADIA 视频 YouTube VR	游戏(动视暴雪)会议+MRMesh for Team	AR购物	应用层	社交、游戏(希壤)	VR购物(Buy+) 云游戏(云镜)	社交(QQ、微信) 云计算(START)	社交、游戏(重启世界) NFT产品
平台层	开发平台 Presence Platform 人工智能	Google Daydream VR平台 TPU人工智能芯片	工具软件 操作系统 人工智能	开发平台 Sumerian	平台层	人工智能	人工智能 区块链(蚂蚁链) NFT平台(鲸探)	游戏引擎(Unreal) NFT平台 人工智能 区块链(置信链)	游戏引擎(重启世界) 人工智能
网络层	开放式计算数据中心	云计算	云计算 内容分发网络边缘计算	云计算	网络层	百度智能云、物联网	云计算(阿里云)	云计算(腾讯云) 物联网	云计算(火山引擎)

图5　中美科技巨头争相布局元宇宙

4. 在融合交叉中寻找新场景

元宇宙与多种场景的融合催生出很多新产业（图6）。比如，在工业元宇宙中，通过优化设计、生产和维护等流程，实现了定制化生产；在商务元宇宙中，改变了大批量销售模式，可以根据消费者偏好进行个性化营销；在医疗元宇宙中，通过虚拟治疗，能够实现预防性医疗，降低医疗成本；在单身经济中，元宇宙可以提供更多样化的交友方式和选择，让独身群体成为重要消费力量；在焦虑经济中，元宇宙的个性智能满足或将降低用户焦虑；在潮牌经济中，许多潮牌企业加速布局元宇宙，开启虚拟潮牌交易新形态；在适老经济中，元宇宙时代高仿机器人、虚拟数字人在一定程度上将提升老年人生活品质；在"忙人经济"中，足不出户即可感知世界，为"忙人"提供职场与生活便利；在颜值经济中，用户可以在元宇宙中定制形象或人设，虚拟人或将实现性别和颜值的平权……

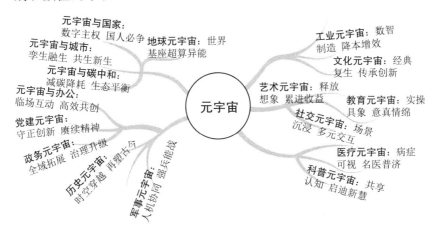

图6 元宇宙应用新场景

5. 一线城市群将是元宇宙建设的"重镇"

政策引导正向支持基础技术突破，元宇宙的实现依赖于政策扶持、经济发展、科技进步以及各种配套资源的支持。实际上，有关支持人工智能、区块链、5G、物联网等元宇宙底层技术的国家政策早已陆续布局，第一次在国家层面上直接提出要布局元宇宙是2022年2月24日，工信部在中小企业发展情况发布会上，宣布"培育一批进军元宇宙等新兴领域的创新型中小企业"。在省市层面上，2021年12月，上海最早将"元宇宙"纳入"十四五"规划，提出"支持满足元宇宙要求的图像引擎、区块链等技术的攻关；鼓励元宇宙在公共服务、商务办公、社交娱乐、工业制造、安全生产、电子游戏等领域的应用"。到2022年，北京、深圳、杭州、合肥等城市相继发布相关政策举措，布局元宇宙技术发展。从政策支持、产业布局、区位优势等角度综合来看,一线城市群经济更为发达,基础设施齐备,产业集聚明显,同时更利于联合国外企业共同发展,有望成为元宇宙建设的"重镇"。

虽然在元宇宙发展过程中,存在不少质疑与负面评价,认为其只是资本炒作的结果,但更多的人相信波浪式前进才是主旋律,经得起考验的才是过硬的颠覆性技术!

元宇宙没有终点、只有奇点!俄国天体物理学家尼古拉·卡尔达肖夫(Nikolai Kardashev)提出卡尔达肖夫等级来回答"人类文明发展到什么程度"的问题,按照文明可以汲取和利用能量的能力将文明区分成3个层级,后又增加4个层级,总共7个层级(图7)。其中最高级别是"能控制宇宙,创造宇宙"。元宇宙虽然暂时无法对现实物理空间做出太多颠覆性的改变,但在其创造的超越现实的虚拟世界中,已经见证了人类对最高级别文明的不懈追求。在生成式人工智能加持下,元宇宙势必会带动现实行业及企业,将可能成为计算网络的第四个时代,引领新热点、创造新机遇。

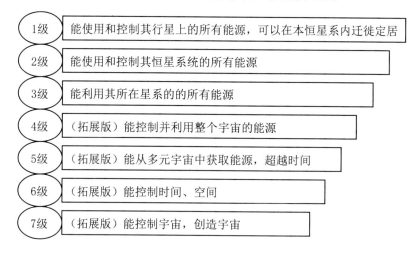

图7 卡尔达肖夫等级

后　记

　　本书编撰历时12个月，涉及数十位来自教学科研一线的中青年学者，涉及大学课堂、实验室、报告会等交流场景，涉及材料科学、数据科学、量子科技等学科领域。正因如此，恕无法逐一列出积极影响本书内容的每一位。仍然需要强调的是，本书得以问世离不开提供观点支持的优秀中青年专家学者，感谢他们不仅慷慨分享了前沿的专业知识，还拨冗进行了文稿的修改与打磨。感谢"科技智库系列"丛书编委会成员，他们在各自的研究领域和合作网络中，联络专家、开展讨论、交流经验。最后，特别感谢科技战略前沿研究中心的张天怡女士，她以专业的能力与精神，为本书的编辑工作提供了大力支持。这一切都是本书不可分割、无比珍贵的组成部分！

　　当然，不足之处在所难免，诚挚欢迎读者朋友们批评与指正。书中提及的各位专家观点并不代表本中心的立场和意见，仅供学习和参考。